GINÁSTICA LABORAL

FABIANE MARIA ZAT
(ORG.)

GINÁSTICA LABORAL

VALORIZAÇÃO HUMANA E GESTÃO DE RESULTADOS

Phorte
editora

São Paulo, 2015

Ginástica laboral: valorização humana e gestão de resultados

Rua Treze de Maio, 596
Bela Vista – São Paulo – SP
CEP: 01327-000
Tel/fax: (11) 3141-1033
Site: www.phorte.com.br
E-mail: phorte@phorte.com.br

CIP-BRASIL. CATALOGAÇÃO-NA-FONTE
SINDICATO NACIONAL DOS EDITORES DE LIVROS, RJ

Z44g

Ginástica laboral : valorização humana e gestão de resultados / organização Fabiane Maria Zat. - 1. ed. - São Paulo : Phorte, 2015.
160 p. : il. ; 24 cm.

Inclui bibliografia
ISBN 9788576555438

1. Exercícios físicos no trabalho. 2. Trabalhadores - Treinamento físico. 3. Promoção da saúde dos empregados. 4. Qualidade de vida no trabalho. I. Zat, Fabiane Maria.

15-19249 CDD: 615.824
CDU: 615.825

15/01/2015 15/01/2015

---

ph1970.1

Este livro foi avaliado e aprovado pelo Conselho Editorial da Phorte Editora.
(www.phorte.com.br/conselho_editorial.php)

Impresso no Brasil
Printed in Brazil

Dedico este livro às pessoas amadas: minha filha Lara; meus pais Teolindo e Zélia; meus irmãos Rosane e Leandro; e aos demais amigos e familiares que contribuíram com esta caminhada, especialmente ao Alcione e à Andressa.

Primeiramente, agradeço a Deus e aos seres de luz que nos guiam nesta vida terrena e que tanto nos orientaram para a concretização desta obra.

Aos familiares, amigos, colegas de profissão e todos os trabalhadores que fizeram parte da construção do conhecimento que fundamenta este livro.

Um agradecimento especial a pessoas fundamentais nesta caminhada profissional: Prof. Dr. Péricles Saremba Vieira (*in memoriam*), Prof^{a}. Ms. Norma Rejane dos Santos Ribas, Prof^{a}. Dra. Mirian Lange Noal e às parceiras na construção desta obra, Prof^{a}. Esp. Adriana Klein da Rosa e Prof^{a}. Dra. Angela Elizabeth Lapa Coêlho.

Apresentação

As pessoas empregam grande parcela de suas vidas desenvolvendo tarefas ocupacionais. Passam a maior parte do dia se dedicando ao trabalho. Dessa relação, a um só tempo, resultam conquistas e realizações, assim como problemas relacionados às condições de trabalho e, por conseguinte, à saúde e à doença.

No decorrer da História, o trabalho assumiu diversas conotações quanto à sua finalidade e importância. Durante a Antiguidade, ele servia para garantir o sustento e a produção de bens de consumo particulares; no período feudal, utilizou-se a troca de labuta por moradia e alimentação; com a Revolução Industrial, na qual o sistema capitalista começa a imperar, a utilização do trabalho tem fins de produção em série, visando ao lucro e à venda da força de trabalho (Huberman, 1982). O sistema capitalista ainda impera nos tempos atuais, porém, muitas políticas voltadas à melhoria das condições de trabalho têm sido implantadas, como a gestão participativa, a satisfação dos colaboradores e os programas relacionados à prevenção de doenças e à promoção da saúde, como a ginástica laboral, a ergonomia, entre outros. Acredita-se que os profissionais de Educação Física e áreas afins, com conhecimento sobre o contexto de trabalho, saúde e doença, qualidade de vida e representações sociais, terão melhores condições de aplicar a ginástica laboral e a ergonomia de forma satisfatória e humanizadora.

Este livro tem como objetivo principal apresentar à sociedade acadêmica, aos profissionais de Educação Física e demais interessados ferramentas para a atuação com excelência em ginástica laboral e ergonomia. Acreditamos no diferencial do nosso trabalho e no bem que um Programa de Ginástica Laboral (PGL) e ergonomia podem proporcionar aos trabalhadores, às empresas e à sociedade.

Buscando contemplar áreas do conhecimento essenciais para uma visão ampla e humanizadora do contexto de trabalho e das pessoas, foram elaborados os quatro primeiros capítulos. No primeiro, discutimos sobre o universo do trabalho, para que o profissional de ginástica laboral tenha um bom embasamento do contexto organizacional e gerencial das empresas.

Já no segundo capítulo, abordamos a relação entre saúde e doença, bem como apresentamos um levantamento teórico das doenças ocupacionais, com o intuito de ampliar a discussão e ter condições de agregar essas informações à prática da ginástica laboral, para que, aliada às demais medidas adotadas pela empresa, possamos contribuir para a promoção da saúde e prevenção das doenças. Neste sentido, foi elaborado o terceiro capítulo, sobre qualidade de vida, tema abordado visando discutir a relação entre estilo e qualidade de vida, uma vez que os hábitos adotados diariamente são determinantes para as nossas condições de vida.

O quarto capítulo busca na Psicologia novos elementos para a atuação em ginástica laboral e ergonomia. Apresenta a Teoria das Representações Sociais como meio de integrar a concepção dos trabalhadores e dos gestores, as ações adotadas e objetivos estabelecidos. Considerando que o pensamento rege a ação, investigar a concepção das pessoas é fundamental para nortear as medidas adotadas, buscando a participação e o envolvimento de todos.

Os três últimos capítulos contemplam o embasamento teórico e formas de aplicação da ergonomia e da ginástica laboral. Com linguagem simples e exemplos práticos, buscamos apresentar medidas para nortear a abordagem com a empresa, elaboração e implantação do projeto, avaliações e desenvolvimento de relatório.

Por meio deste livro, busca-se contribuir para a consolidação da ginástica laboral aliada à ergonomia, em uma prática viável e de resultados comprovados, atendendo às necessidades dos trabalhadores e dos empresários. Quando aplicamos nossos conhecimentos com comprometimento e responsabilidade, lutando pelo bem comum, os resultados, o reconhecimento e o respeito surgem como consequência.

Fabiane Maria Zat

Prefácio

Ao assumirem o compromisso com a produção do conhecimento científico, profissionais, quer da academia, quer de fora dela, tacitamente também assumem o compromisso de divulgar esse conhecimento. Pouco ou nada contribui, para a solução de problemas, produzir conhecimento e não torná-lo público. Divulgar o conhecimento científico, porém, não é apenas divulgar os resultados de uma pesquisa científica ou publicar textos de acordo com determinado formato. O trabalho científico tem uma ampla gama de possibilidades – e necessidades de publicação além das usuais – e também importantes formas de acesso. Cada uma delas corresponde a necessidades, e algumas vezes exigências da sociedade, ou a necessidades e muitas vezes, a exigências da Ciência.

Nesse sentido, é preciso ousadia e, por que não dizer, coragem para expor e publicar ideias, que, como tal, podem ser interpretadas sob diferentes olhares. O resultado desses olhares pode ser a contestação, a concordância ou a redução da força inicial da ideia apresentada. Apesar desse viés, diferentes olhares são capazes de ampliar o entendimento sobre determinada questão.

O livro *Ginástica laboral: valorização humana e gestão de resultados*, das autoras Fabiane Maria Zat, Adriana Klein da Rosa e Angela Elizabeth Lapa Coêlho, pode ser considerado uma possibilidade concreta de resposta a necessidades e exigências em relação à qualidade de vida dos trabalhadores a partir de apenas duas de suas virtudes: a abordagem interdisciplinar e a sua resposta a necessidades e exigências da sociedade e/ou da própria ciência.

Fabiane, na condição de organizadora, teve a feliz ideia de tornar pública parte de seus estudos desenvolvidos durante longos anos de dedicação à sua formação profissional, acrescido das contribuições das duas outras autoras. O resultado é um texto de ótima qualidade no rigor científico, com clareza de ideias e ampla revisão bibliográfica, somado às suas experiências na área empresarial.

Boa leitura!

Prof. Dr. Péricles Saremba Vieira (*in memoriam*)
Ex-professor da Universidade de Passo Fundo (UPF),
Doutor em Educação, Mestre em Ciência do Movimento Humano

SUMÁRIO

CAPÍTULO 1

UNIVERSO DO TRABALHO

Fabiane Maria Zat
Angela Elizabeth Lapa Coêlho

"Escolhe um trabalho que gostes, e não terás que trabalhar nem um dia na tua vida".
(Confúcio)

1.1 Considerações sobre o trabalho

O trabalho tem sido o tema de muitos estudos realizados por profissionais/ pesquisadores de áreas distintas. Isso decorre de sua complexidade e importância, visto que ele perpassa toda a vida das pessoas e ocupa parte central do nosso cotidiano (Guareschi, 2007). De acordo com o Ministério da Saúde, são considerados trabalhadores todas as pessoas que exerçam "uma atividade de trabalho, independentemente de estar inserido no mercado de trabalho formal[1] ou informal[2], inclusive na forma de trabalho familiar e/ou doméstico" (Brasil, 2001, p. 7). Neste livro, nos deteremos no trabalho formal.

Percebemos que o trabalho se relaciona com as formas de ocupação do ser humano, sejam elas desempenhadas de maneira predominantemente física (braçal) ou intelectual; ademais, tem como característica principal a objetividade, ou seja, antes do seu início já se sabe qual é o fim esperado (Marx, 1985).

1 Trabalho formal se caracteriza quando o trabalhador contribui para o instituto de previdência e possui carteira de trabalho assinada. O que lhe garante proteção de lei e vantagens trabalhistas (Menezes Filho, Mendes, Almeida, 2004).

2 Trabalho informal é uma forma de trabalho em que não existem vínculos ou benefícios fornecidos por uma empresa, além do trabalhador não possuir carteira assinada nem renda fixa (Menezes Filho, Mendes, Almeida, 2004).

Para Guareschi e Grisci (1993, p. 22), o trabalho tem uma concepção bem diversa, de acordo com a qual se pode concebê-lo enquanto "(...) a ação transformadora, consciente e desejante, que o trabalhador exerce sobre a natureza, com ou sem auxílio de uma máquina". Em outras palavras, é um ato pensado previamente e que tem um objetivo final, residindo, aí, a grande diferença entre o trabalho humano e o trabalho dos animais, marcadamente instintivo. Como afirma Marx (1985, p. 202):

> Mas o que distingue o pior arquiteto da melhor abelha é que ele figura na mente sua construção antes de transformá-la em realidade. No fim do processo do trabalho aparece um resultado que já existia antes, idealmente, na imaginação do trabalhador.

O trabalho tem uma relação direta com a própria existência do indivíduo, pois ele tem que conseguir seu alimento e sua sobrevivência por meio do seu próprio esforço. No passado, as pessoas eram responsáveis por produzir tudo o que necessitavam – roupas, alimento, moradia –, sendo, muitas vezes, o trabalho recompensado com mercadorias (escambo), uma espécie de troca, o que o constituía como informal, pautado em acordos verbais. Como afirmam Garcia e Silva (2001, p. 2):

> O trabalho é, dentro da história da humanidade, um elemento que se confunde com a própria vida, já que é ele o instrumento utilizado pelo próprio homem a fim de satisfazer as suas necessidades mais primárias, ou seja, de saciedade corporal e, portanto, de sobrevivência, ou seja, o homem interage junto aos recursos naturais a ele disponíveis a fim de buscar junto a estes elementos que lhe propiciam assegurar a sua existência.

Percebemos a direta relação do trabalho com o ambiente no qual se está inserido, utilizando-se tanto de recursos naturais como da criação de novos mecanismos. A seguir, debateremos brevemente os períodos históricos e o papel que o trabalho ocupou durante a Antiguidade, a Idade Média e a Revolução Industrial.

Na Antiguidade, segundo Arendt (2000), as pessoas eram classificadas de acordo com a sua ocupação e divididas em corpo e alma, dependendo da posição social. Os que acumulavam posses e tinham à disposição escravos para o trabalho braçal dispunham de tempo para apreciar as belas artes, logo, nessas pessoas a alma dominava o corpo, o que lhes garantia um *status* de superioridade perante os demais. Já as pessoas que dependiam do próprio trabalho para o sustento de suas famílias eram tidas como seres inferiores; suas almas eram dominadas pelo corpo, já que estavam, na maior parte do tempo, ocupadas com as tarefas necessárias e, portanto, afastadas da arte e das relações sociais e políticas.

Para uma melhor compreensão, faz-se necessário que ampliemos a discussão a respeito das formas de ocupação com base nas definições que Arendt (2000) apresenta para labor, trabalho e ação. O conceito de labor está associado, para a autora, a um processo biológico, necessário para a sobrevivência humana. Já o trabalho é fruto do processo cultural – algo imposto, distante da concepção que o vê enquanto parte da essência do ser humano –, considerado, ainda, como a capacidade de transformar coisas naturais em artificiais. E, finalizando, a ação é entendida como consequência da natureza social das pessoas, uma necessidade de viver entre os semelhantes.

Ainda na Antiguidade, a sociedade estava dividida entre pessoas livres (da camada mais abastada) e não livres (da camasa menos favorecida). Essa denominação se dava pelo tipo de ocupação (intelectual ou braçal, respectivamente), existindo uma possibilidade, mesmo que remota, de uma pessoa considerada inferior ascender socialmente, fato inviável durante o período feudal (Garcia e Silva, 2001), quando a população, também separada em estratos sociais, seguia esta ordem decrescente de importância: sacerdotes, guerreiros e trabalhadores. Na Idade Média, grandes propriedades dirigidas pelos senhores feudais (guerreiros) abrigavam os camponeses (trabalhadores) para a manutenção da produção (Huberman, 1982).

De acordo com Huberman (1982), o estrato dos sacerdotes (clero) era composto de membros da Igreja (bispos, sacerdotes, abades e, de maior representatividade, o Papa), que se utilizava da espiritualidade para intervir de forma apaziguadora em conflitos, na tentativa de retardá-los ao máximo. Embora condenasse o lucro, o clero se contradizia ao deter uma significativa parcela de bens materiais (que vão de grandes extensões de terras até o acúmulo de metais preciosos), dispondo, junto com os nobres, de influência e prestígio social.

Os guerreiros, por sua vez, formavam outro estrato, constituído também de nobres, príncipes e duques que, em troca de favores militares e proteção, cediam parte de suas terras (feudos). Os senhores feudais eram os responsáveis por definir o funcionamento e as leis de suas terras.

Os camponeses que nelas trabalhavam, por conta do arrendamento de pequenas porções desses territórios, contraíam uma série de obrigações como forma de pagamento – inclusive pelo uso de equipamentos para os cultivos. Os servos, denominação que lhes foi destinada, formavam, assim, o terceiro estrato, que ocupava o lugar de subordinação na relação com os donos dos feudos. Sem direitos, esses trabalhadores eram considerados propriedade de seus senhores, havendo pouca distinção entre eles e qualquer animal, uma espécie de "gado humano" (Huberman, 1982).

Evidencia-se, portanto, que a relação com o trabalho, tanto na Antiguidade como na Idade Média, está atribuída aos grupos subordinados, que o realizavam apenas para suprir as necessidades, sejam elas as próprias ou as dos seus senhores (Garcia e Silva, 2001). O panorama só começa a se modificar com o início das Cruzadas, momento no qual passa a existir a troca de produtos ou mão de obra por dinheiro, dando origem ao mercantilismo.

O escambo que perdurou na Idade Média, agora, dá espaço para o surgimento da moeda. O transporte de matérias-primas para outras regiões acarreta o assentamento de novas aldeias, que viriam a se transformar em cidades. As taxas e os juros, condenados pelo clero durante o feudalismo, aparecem como catalisadores das mudanças, e aqueles que trabalhavam devotamente para o seu senhor feudal começam a vislumbrar a possibilidade de produzir além do usual, a fim de acumular moedas (Huberman, 1982).

Conforme apontam Garcia e Silva (2001), os camponeses rumam para as cidades em busca de liberdade e de trabalho, formando um novo grupo que passa a deter o conhecimento no que concerne à transformação da matéria-prima em produto. Com isso, podemos fazer uma reflexão e analisar que o trabalho passou a ser fracionado, desempenhado por muitas "mãos"; o trabalhador deixou de ser o criador da obra (produto) para se tornar o responsável por uma parte desse processo.

Três marcos históricos foram fundamentais para que o trabalho assumisse características de bem social e suporte do capital, sendo eles a Revolução Francesa, a Revolução Industrial e a Revolução Protestante (Henderson, 1979). Neste estudo, porém, iremos nos deter apenas à Revolução Industrial.

Durante os séculos XVII e XVIII, ocorre a transição entre o trabalho de manufatura (artesanal) para o de maquinofatura (industrial), que submete o trabalhador ao regime da máquina e da gerência. Consolida-se, assim, o capitalismo e a Revolução Industrial, fundamentais no aprimoramento do controle de produção e da obtenção de lucros (Garcia e Silva, 2001).

É sabido que a Revolução Industrial provocou significativas influências nos sistemas de organização do trabalho e na estrutura social. Embora desde a Antiguidade nunca tenha havido preocupação quanto à saúde do trabalhador, é nela que se vê a necessidade de discutir essa realidade, aqui agravada. Como afirmam Minayo-Gomez e Thedim-Costa (1997, p. 22):

> Com o advento da Revolução Industrial, o trabalhador "livre" para vender sua força de trabalho, tornou-se presa da máquina, de seus ritmos, dos ditames da produção que atendiam à necessidade de acumulação rápida de capital e de máximo aproveitamento dos equipamentos, antes de se tornarem obsoletos.

A falta de higiene, as longas jornadas, a subalimentação, os baixos salários, a promiscuidade e a exposição às máquinas, acarretando risco de acidentes, são algumas das condições desumanas de trabalho à que os trabalhadores, reféns da indústria, foram submetidos. Como reação, os movimentos trabalhistas surgem em busca da diminuição das jornadas, do direito às férias, à segurança etc. É nesse contexto que, na França de 1890, são criadas as primeiras legislações referentes à saúde dos trabalhadores (Dejours, 1992).

Na busca por melhores condições de trabalho, os americanos Mary Parker (1868-1933) e Chester Barnard (1886-1961) foram defensores pioneiros da perspectiva humanista na administração, destacando a relevância do entendimento dos comportamentos, das necessidades, das atitudes, das interações sociais e dos processos de grupo no local de trabalho. Por meio de estudos científicos, concluiu-se que a produtividade dos trabalhadores aumentava quando dos incentivos positivos (Daft, 2005).

No Brasil, durante o primeiro mandato do Governo Vargas, visando garantir minimamente o sustento dos trabalhadores e de suas famílias, foi criada a Consolidação das Leis Trabalhistas (CLT), em 1943, sendo esta a maior legislação trabalhista do país. A CLT é representada pela carteira de trabalho, o que busca legitimar o reconhecimento dos direitos do trabalhador quanto a benefícios: férias, décimo terceiro salário, Fundo de Garantia por Tempo de Serviço (FGTS), aposentadoria, entre outros. Segundo dados do Ministério do Trabalho, os procedimentos de segurança e saúde no trabalho estão descritos nas 33 Normas Regulamentadoras (NR). Consta na NR-1 (Disposições Gerais), artigo 1.1:

> As Normas Regulamentadoras – NR, relativas à segurança e medicina do trabalho, são de observância obrigatória pelas empresas privadas e públicas e pelos órgãos públicos da administração direta e indireta, bem como pelos órgãos dos Poderes Legislativo e Judiciário, que possuam empregados regidos pela Consolidação das Leis do Trabalho – CLT (Brasil, 1983).

Ainda de acordo com as NR, cabe à Secretaria de Segurança e Saúde no Trabalho (SSST) atuar em nível nacional, o que implica coordenar, orientar, controlar, supervisionar as atividades relacionadas à saúde e segurança no trabalho. Já em instâncias regionais, essa função compete à Delegacia Regional do Trabalho (DRT).

Torna-se importante ressaltar que é tarefa do empregador possibilitar condições de saúde e segurança no trabalho, enquanto o empregado se compromete a cumprir as disposições legais e regulamentadoras, tais como: usar o Equipamento de Proteção Individual (EPI), que deve ser fornecido pelo empregador; submeter-se a exames médicos previstos nas NRs e colaborar com as suas aplicações.

Também está prevista nas NRs, especificamente na de número 5, a necessidade da criação da Comissão Interna de Prevenção de Acidentes de Trabalho (CIPA), com o objetivo de prevenir acidentes e doenças provocadas pelas tarefas ocupacionais, de modo que se possibilite o trabalho e se promova o cuidado com a saúde. A CIPA é responsável, entre outras tarefas, pela realização da Semana Interna de Prevenção de Acidentes de Trabalho (SIPAT), durante a qual são desenvolvidos debates, palestras e discussões sobre saúde, segurança do trabalho e demais temas fundamentais para a prevenção da doença e a promoção da saúde no trabalho.

Segundo Cañete (1996), há necessidade de ações efetivas relacionadas à promoção da saúde, pois grande parte dos esforços e investimentos, tanto das políticas públicas quanto das empresariais, se refere a tratamentos curativos e/ou paliativos, estando o enfoque relacionado à prevenção muito limitado ao discurso. Esse tipo de intervenção (preventiva) consiste em uma esfera de âmbito mais abrangente, envolvendo aspectos filosóficos, religiosos, étnicos e culturais, o que exige uma compreensão seguida pela mudança de concepções do trabalhador e da empresa.

A NR-7 tem como foco o Programa de Controle Médico de Saúde Ocupacional (PCMSO), e é uma das normas sobre a qual devemos nos deter mais especificamente, uma vez que dialoga diretamente com o tema deste livro. A referida norma

> estabelece a obrigatoriedade de elaboração e implementação, por parte de todos os empregadores e instituições que admitam trabalhadores como empregados, do Programa de Controle Médico de Saúde Ocupacional – PCMSO, com o objetivo de promoção e preservação da saúde do conjunto dos seus trabalhadores (Brasil, 1994).

Adiante, esclarece que o PCMSO deverá considerar as questões individuais e coletivas no que tange à saúde do trabalhador e à relação com o trabalho, assim como deter-se nas questões relacionadas à prevenção, ao rastreamento e ao diagnóstico precoce das doenças ocupacionais, elaborado com base nos riscos à saúde que as tarefas exercidas oferecem. O seu desenvolvimento deve incluir, obrigatoriamente, a realização de exames admissionais, periódicos, de retorno ao trabalho, mudança de função e demissional. Esses exames incluem a avaliação clínica (abrangendo anamnese ocupacional, exame físico e mental) e exames complementares, especificados nas NRs. Visto que as condições de conforto e segurança oferecidas aos trabalhadores dependem, em grande parte, da organização e estruturação do trabalho, faremos uma abordagem acerca desta temática.

1.2 Organização do trabalho

A organização do trabalho é entendida como o processo de definição de tarefas e responsabilidades; define-se quem é responsável por determinada tarefa, como ela deve ser feita e em quanto tempo. Couto (2002, p. 127) entende a organização do trabalho como: "(...) todo conjunto de ações feitas pelo gestor e pelos facilitadores para que a prescrição de trabalho (objetivos, planos e metas) ditada pela direção da organização seja cumprida".

As formas de organização do trabalho são as mais distintas, mas, geralmente, envolvem: tecnologia, máquinas, manutenção, matéria-prima, material, método, meio ambiente e mão de obra. Quando existe algum tipo de falha em qualquer um desses itens, surgirão problemas no resultado operacional, podendo, até, haver sobrecarga de trabalho. Caso se aplique a ergonomia organizacional, estruturadora da organização do trabalho, esses tipos de problemas podem ser minimizados e, inclusive, evitados (Couto, 2002).

No movimento pós-guerra dos anos 1920, o modelo administrativo das empresas foi influenciado fortemente pelas abordagens taylorista, fordista, fayolista e toyotista. Essas abordagens favoreceram a disputa de força entre o patronato e a classe trabalhadora, gerando, por conseguinte, um modelo de organização de trabalho baseado no autoritarismo e no capitalismo (Kanaane, 1999). Segundo Navarro e Padilha (2007), ao longo de todo o desenvolvimento do processo de trabalho no sistema capitalista, ocorreram perdas progressivas do controle do trabalhador sobre os processos de produção, ou seja, a desapropriação do controle sobre o próprio trabalho. O que variou foram as formas desse fenômeno ocorrer, de acordo com os métodos de organização do trabalho e dos sistemas de produção.

A abordagem taylorista, criada nos Estados Unidos por Frederick Winslow Taylor (1856-1915), foi a responsável pelo desenvolvimento da administração científica. Nesse sistema, a organização do trabalho caracterizava-se por curtos ciclos e mínima demanda de autonomia na execução da tarefa, justamente por ser muito metódico e mecanizado. O desperdício do potencial do trabalhador foi uma das maiores críticas a esse sistema, que tampouco o estimula a aprimorar suas capacidades de liderança, restringindo suas capacidades físicas e mentais à tarefa que executa (Kroemer e Gandjean, 2005).

Influenciado pelas modificações provocadas pelo sistema taylorista, o empresário americano Henry Ford (1863-1947) desenvolveu, a partir de 1931, em suas fábricas automotivas da *Ford Motor Company*, a linha de produção em série. O enfoque de produção em massa, enfatizado por esse sistema, deu um destaque ainda maior à especialização e fragmentação do trabalho (Maciel, 2008). De acordo com Navarro e Padilha (2007), os trabalhadores resistiram ao sistema fordista, pois sentiram os efeitos nefastos da rotina mecanizada, com aumento significativo nos níveis de absenteísmo[3], paralisações e sabotagens. Em contraposição, ocorreram consideráveis aumentos de salário.

Enquanto isso, na Europa, o francês Henry Fayol (1841-1925) foi o responsável pela criação dos princípios administrativos, que, diferentemente da administração científica de Taylor, se centram na produtividade do trabalhador. O sistema fayolista aborda os princípios administrativos focados na organização total, incluindo unidade de comando, divisão do trabalho, unidade de direção e escala hierárquica. Fayol também identificou cinco funções básicas da administração: planejamento, organização, comando, coordenação e controle (Daft, 2005).

Com o declínio dos sistemas taylorista e fordista, surge, no Japão, logo após a Segunda Guerra Mundial, nas fábricas automobilísticas da Toyota, um novo modo de organização produtiva, o toyotismo. Esse método foi baseado no que Taylor e Ford já haviam desenvolvido nos Estados Unidos, porém, tentando corrigir algumas falhas estruturais e se adequar às novas necessidades do mercado, em um mundo em que cada vez mais a globalização se faz presente (Navarro e Padilha, 2007).

Para Antunes (1999), as principais características do sistema toyotista se referem à produção de acordo com a demanda, com a presença de estoques mínimos, assim como a valorização da qualificação e a polivalência do trabalhador. O regime toyotista implantou, não obstante, novos padrões de gestão e de controle da qualidade, primando por gestão participativa e qualidade total, sendo o sistema responsável por significativas inovações no campo organizacional, embora tenha contribuído com o enfraquecimento das organizações sindicais, representantes das classes trabalhadoras.

Mediante todas as influências que os movimentos taylorista, fordista, fayolista e toyotista provocaram no universo empresarial e na relação com o trabalho, a organização deste continua apresentando constantes inovações de acordo com as necessidades e tendências. Atualmente, segundo Daft (2005), a principal característica do novo local de trabalho é que ele está pautado em ações e ideias, em vez de máquinas e ativos físicos; o trabalhador dos novos tempos, então, passa a se adequar a essa configuração de trabalho. Para Daft (2005), o novo local de trabalho está organizado em células, diferente do modelo anterior, quando era constituído pela hierarquia. Na organização em redes, a informática e a tecnologia da comunicação têm viabilizado esse modo de

---

3 Absenteísmo é a ausência temporária do trabalho por motivo de doença (Chiavenato, 1993).

trabalho, mudando o enfoque e as prioridades. Nesse cenário, as organizações têm valorizado a mudança e a velocidade à estabilidade.

A organização do trabalho tem rompido com muitos paradigmas no universo empresarial. O conceito de administração baseado na subordinação tem migrado para visões que buscam a cooperação. A administração embasada na hierarquia (formato pirâmide, com cargos superiores e inferiores) está ultrapassada e não cabe no contexto atual (Hesselbein, 1999). As estruturas administrativas devem ser fluidas e flexíveis: "Dirigido para a missão, baseado nos valores, orientado pela demografia. Aprender a conduzir as pessoas, e não reprimi-las. A administração é uma ferramenta e não um fim. O ato de seguir é uma demonstração de confiança" (Hesselbein, 1999, p. 20).

O local de trabalho deve oferecer uma sensação de bem-estar para que as pessoas se sintam valorizadas e pertencentes ao contexto no qual estão inseridas, evitando que sejam tratadas como peças de uma engrenagem, passíveis de substituição ao primeiro sinal de desgaste. O desempenho dos trabalhadores está intimamente relacionado aos seus valores e aos da organização na qual trabalham (cultura, clima organizacional, entre outros). A satisfação do trabalhador vai muito além das necessidades econômicas. Quando ele está comprometido com a organização, percebe que o seu trabalho é relevante e buscará, cada vez mais, crescer junto com a empresa.

Segundo Kanaane (1999), o mundo do trabalho vem se modificando significativamente neste início do século XXI. A organização do trabalho está se adaptando às novas necessidades globais. Pode-se dizer que o trabalho, de uma forma geral, estará subdividido em três classes: a primeira envolverá os grupos de projetos; a segunda dirá respeito ao trabalho em tempo parcial ou sazonal, ao passo que a terceira englobará o trabalho individual ou em grupos familiares.

Os profissionais que se encaixarem na primeira classe terão de ser extremamente qualificados e eficazes, associar-se-ão para desenvolver projetos específicos e por um curto período de tempo. Possivelmente, essa será a classe mais bem remunerada. Os profissionais que constituem essa classe devem apresentar características como: capacidade de desenvolver trabalho em equipe, adaptação ao novo, competência técnica e interpessoal, domínio de idiomas, alta experiência e qualificação profissional, capacidade de lidar com pressão e de manter o equilíbrio entre a vida profissional e a pessoal.

Já a segunda classe será composta de profissionais ou de prestadores de serviços gerais, os quais não necessitarão de grande capacidade técnica, mas terão que possuir habilidade em distintas áreas e flexibilidade a fim de que possam se adaptar a diferentes locais e tipos de trabalho, como supermercados (nas mais diversas funções: caixa, repositor etc.), residências (cuidador de crianças), entre outras tarefas. Essa categoria caracteriza-se pelo trabalho informal, desempenhando atividades em locais diversos, inclusive nos finais de semana.

E, finalizando, a terceira classe de trabalhadores, que se caracterizará por um número cada vez maior de profissionais que passarão a desempenhar suas atividades nas próprias casas. Esse fenômeno tem se tornado mais frequente por dois motivos principais: a facilidade e as possibilidades oferecidas pelas tecnologias da informação e comunicação (computador, celular, teleconferências virtuais etc.) e a opção de se evitar deslocamentos, o que permite que o tempo que lhe seria destinado seja reaproveitado no trabalho ou descanso. Esses profissionais precisarão lidar com várias demandas culturais, estando ligados a resultados, pensando estrategicamente, sendo proativos, sabendo lidar com incertezas e exercendo extrema habilidade para captar as tendências do mercado.

A princípio, as condições de trabalho domiciliar apresentam óbvios benefícios. Há que se pensar, no entanto, no risco de sobrecarga que o trabalhador corre, tendo em vista que não existirá uma separação entre o ambiente de trabalho e o de descanso, o que pode se refletir em uma carga horária irregular.

Para Diniz (2008), as empresas estão modificando sua forma de administrar. Atualmente, é necessário envolver os funcionários no processo de gestão, independentemente da sua posição hierárquica. A denominada gestão participativa tem essa finalidade nas organizações, estimulando a existência de um verdadeiro compromisso de cumplicidade, um clima organizacional favorável ao crescimento profissional de cada trabalhador e, por consequência, da empresa.

Navarro e Padilha (2007) discutem que o trabalho e as suas formas de organização desempenham papel fundamental na vida das pessoas, sendo sua centralidade muito mais abrangente que a esfera econômica (fonte de renda), com interferência significativa na esfera psíquica, influenciando na saúde do trabalhador, inclusive na ausência de trabalho, como nos casos dos desempregados ou aposentados.

Baseado nos altos índices de adoecimento ocupacional e nos novos conceitos de gestão participativa, que propõe a existência de funcionários comprometidos com a organização e motivados com o seu trabalho, surge o espaço para a intervenção de novas áreas de atuação profissional no ambiente empresarial; entre elas, existe a ginástica laboral e a ergonomia. A ginástica laboral visa, além da prevenção de lesões, à motivação e ao comprometimento do trabalhador. Já a ergonomia vem principalmente atender e regulamentar a legislação vigente referente à saúde e à segurança no trabalho. Mas é importante ressaltar que também há a ergonomia organizacional, que se preocupa com a organização do trabalho (Associação Brasileira de Ergonomia, 2011).

De acordo com Kroemer e Grandjean (2005), a organização do trabalho deverá ser planejada respeitando as capacidades dos trabalhadores, de forma que a tarefa apresente desafios suficientes para ser estimulante, sem ser complexa a ponto de causar desânimo e sobrecarga. Objetiva, dessa forma, dar mais autonomia ao trabalhador, reduzir o tédio e a monotonia ocupacional, tornando a tarefa gratificante e permitindo o aprimoramento dos seus potenciais, preservando a saúde e prevenindo o adoecimento desses trabalhadores. Kroemer e Grandjean (2005, p. 181) também destacam os ganhos em se adotar tais medidas organizacionais:

> O que é básico nessas duas melhorias é a premissa, já mencionada, de que haverá uma redução de absenteísmo, rotatividade de pessoal e estresse social, e de que as novas condições vão atrair mais trabalhadores. Portanto, a longo prazo, o resultado é o aumento da produtividade.

Torna-se importante destacar que a organização do trabalho deve proporcionar aos trabalhadores autonomia sobre as tarefas executadas, participação, responsabilidade e interação social – principalmente para tarefas altamente sistemáticas, monótonas e repetitivas, combatendo, assim, a robotização e a mecanização do trabalhador. Quando o trabalhador tem a dimensão da importância do seu trabalho (mesmo quando este é fragmentado) para o resultado ou produto final, aumenta consideravelmente seu sentimento de satisfação, trazendo inúmeros benefícios, como motivação, melhora do clima organizacional, combate ao tédio e monotonia, menores índices de absenteísmo, maior produtividade e qualidade (Kroeme e Gandjean, 2005).

Embora existam inúmeras áreas organizacionais que se preocupam em melhorar as condições de trabalho das pessoas, ainda são fortes os interesses capitalistas e escravocratas, sendo o trabalhador muitas vezes obrigado a consentir com perda dos direitos sociais duramente conquistados, na tentativa de conseguir ou manter a empregabilidade. O modelo atual de organização capitalista tem exigido trabalhadores ágeis, que assumam riscos continuamente, que sejam abertos a mudanças. Isso não tem causado apenas sobrecarga de trabalho, mas tem acarretado grande impacto na vida pessoal e profissional, assim como nas condições de saúde e no processo de adoecimento, refletindo-se em um aumento crescente das doenças ocupacionais (Navarro e Padilha, 2007).

Dentro do contexto da organização do trabalho, deve-se sistematizar e organizar momentos de pausas para descanso, reposição do aporte energético e hídrico, além de promover a descontração e melhorar os níveis de motivação e atenção. As pausas devem ser condizentes com as características da tarefa executada.

Segundo Kroemer e Grandjean (2005), para tarefas que exigem muito esforço físico, as pausas deverão ser curtas e frequentes, podendo ser no próprio local de trabalho ou com a mudança de tarefa. Para tarefas predominantemente cognitivas, as pausas deverão ser mais raras e com duração maior, de preferência fora do posto de trabalho. De acordo com os autores, juntamente com as características especiais da tarefa, existem diferentes tipos de pausas. Uma delas é a pausa do tipo espontânea que é feita por iniciativa dos próprios trabalhadores, sem interferir no fluxo de trabalho. Existem também as pausas disfarçadas, consideradas aquelas quando o trabalhador faz uma tarefa secundária, paralelamente à principal. Ainda é possível citar as pausas que fazem parte da natureza do trabalho, que são todas as interrupções que surgem na operação de uma máquina ou provocadas pela própria organização do trabalho. E, finalizando, restam as pausas prescritas pela gerência - como as para lanche e almoço - e as pausas para realização da ginástica laboral.

Dentro do âmbito das gestões administrativas e da organização do trabalho, a preocupação com a saúde e a segurança dos trabalhadores, a responsabilidade social e ambiental e as ações para evitar o presenteísmo[4] e reduzir os níveis de absenteísmo têm apresentado uma crescente parcela de relevância. Esses requisitos estão sendo contemplados atualmente, pois são resultantes dos inúmeros movimentos sindicais promovidos pelos próprios trabalhadores, ao longo da história e, mais recentemente, tem sido uma exigência das empresas clientes e da legislação vigente.

Conforme as questões relacionadas à organização do trabalho vão evoluindo, emergem aspectos que passam a exigir atenção, sendo um dos principais o que diz respeito às condições de trabalho e às consequências provocadas quando do adoecimento dos trabalhadores. A seguir, abordaremos o processo evolutivo da saúde do trabalhador.

4 Presenteísmo significa estar sempre presente ao trabalho, porém, doente (Chiavenato, 1993).

CAPÍTULO 2

PROCESSO DE SAÚDE E DOENÇA

Fabiane Maria Zat

Angela Elizabeth Lapa Coêlho

"A saúde é o resultado não só dos nossos atos como também dos nossos pensamentos".

(Mahatma Gandhi)

2.1 Considerações sobre saúde e doença

As concepções de saúde e doença vêm sofrendo alterações ao longo dos tempos. Para a Organização Mundial de Saúde (2001, p. 13), a saúde é definida como "(...) um estado de bem-estar físico e mental completo, e não como a mera ausência de doenças". Considerou-se esta definição bem avançada para a época em que foi elaborada, no ano de 1948 (Scliar, 2002). Atualmente, entretanto, de acordo com Segre e Ferraz (1997), essa definição tornou-se irreal e ultrapassada, pois atingir o perfeito bem-estar, o que envolve as esferas física, mental e social, seria algo utópico.

Para Kawamoto (1995), o maior equívoco ao tentar conceituar saúde é defini-la como a não doença, uma visão reducionista e ilusória, dando a entender que com a eliminação dos sintomas da doença o usuário se torna, automaticamente, saudável.

De acordo com Fontes (1995, p. 71), saúde pode ser compreendida como:

> um estado de equilíbrio dinâmico que envolve as realidades físicas e psíquico-mentais dos indivíduos em suas interações com o meio ambiente natural e social. Portanto, a saúde e a doença, sob o ponto de vista holístico, são ambas partes integrantes da auto-organização de um sistema vivo.

Para Jonas, Márquez e Silva (1993), o processo de saúde e de doença pode ser avaliado a partir de duas visões: a holística, também citada por Fontes (1995), e a reducionista. A visão holística compreende que os aspectos inerentes do indivíduo influenciam e são influenciados pela estrutura social e suas implicações. Já a reducionista considera a saúde um estado, dissociando indivíduo e contexto social, ou seja, trata-se de uma visão separatista em que as doenças são consideradas resultado das condições orgânicas, não alteradas pelos aspectos sociais e psicológicos.

No contexto da promoção da saúde e da prevenção da doença, é pertinente pontuar que a definição de saúde não pode ser vista como unicamente técnica, mas antes ampla e generalizada, ao alcance de todos. Conceituar saúde implica entendimento subjetivo individual, de acordo com as vivências de cada um. Contudo, não se pode adotar um modelo de saúde padronizado para todas as pessoas, assim, faz-se necessário envolvê-las, sejam elas profissionais, pacientes, familiares ou a sociedade. Deve-se procurar abordar a saúde como uma conquista possível de ser adquirida e melhorada de acordo com atitudes tomadas.

As concepções de saúde apresentadas na VIII Conferência Nacional da Saúde (1986 apud Pessini e Barchifontaine, 2002, p. 83) consistem em afirmá-la como resultado "(...) das condições de alimentação, habitação, educação, renda, meio ambiente, trabalho, transporte, lazer, liberdade, acesso e posse da terra e acesso a serviços de saúde". Em concordância com esse pensamento, Jonas, Márquez e Silva (1993) argumentam que as condições que determinam o estado de saúde dependem dos aspectos ambientais, ecológicos e sociais.

Conforme Jonas, Márquez e Silva (1993), Kawamoto (1995) e a VIII Conferência Nacional da Saúde (1986 apud Pessini e Barchifontaine, 2002), a situação da saúde decorre das interações entre diferentes variáveis, das condições políticas, econômicas e culturais. Além disso, ela está condicionada às características genéticas de cada pessoa, que, se não podem ser modificadas, servem para apontar a necessidade de um acompanhamento ou uma estratégia de prevenção (Jonas, Márquez e Silva, 1993). Pelo exposto, apreendemos que os conceitos de saúde e doença, interligados, refletem o processo vital das pessoas. Os autores acrescentam que a doença ocorre quando, por algum ou vários motivos, alterações desencadeiam os processos patológicos.

Nahas (2003) constata que a saúde está associada à mera ausência de doenças ou a um estado de equilíbrio, o que afirma ser um equívoco, pois as pessoas nunca serão totalmente saudáveis, nem totalmente doentes. Ele argumenta que existem níveis de saúde e de doença. Dessa forma, as condições que se apresentam no contexto no qual a pessoa está inserida vão influenciar no seu comportamento e, logo, no seu estilo de vida que, de acordo com o autor, depende do equilíbrio entre cinco domínios: controle do estresse, nutrição, atividades físicas, comportamento preventivo e interações sociais. Todo esse conjunto de fatores, condições sociais, características genéticas e estilo de vida, interferem no estado de saúde das pessoas.

Portanto, não podemos atribuir as condições de saúde ou doença a uma única causa, ou simplesmente a sintomas, pois eles são consequência de um conjunto de aspectos do contexto social. Jonas, Márquez e Silva (1993) defendem que estar saudável vai muito além de não estar doente e que os problemas sociais se refletem na população por meio do adoecimento. Ter uma boa saúde implica manter o vigor físico e mental, os quais são particulares de cada pessoa.

Scliar (2002, p. 95) destaca algumas etapas necessárias para se atingir resultados positivos dentro do processo educativo em saúde. De acordo com o autor, no decorrer das conversas estabelecidas com a população, deve-se: "(...) informar as pessoas, para que, informadas, adotem uma atitude positiva, que deve gerar um comportamento; esse comportamento, idealmente, deveria ser introjetado sob forma de hábito". As mudanças se dão de forma lenta e gradativa, sendo a tomada de consciência e a adoção de hábitos adequados determinantes das condições de saúde das pessoas.

Para melhorar tais condições, além de modificações na estrutura social e no comportamento preventivo, a Organização Mundial da Saúde (1948 apud Queiroz, 2003) aponta a necessidade de mudanças da percepção médica de saúde e doença, principalmente no que tange ao modelo médico hegemônico, baseado no hospital e na indústria farmacêutica. A saúde deve estar contemplada em uma visão mais abrangente, com a integração do bem-estar psicológico e social. Também deve existir uma readequação quanto aos serviços de saúde, incluindo "(...) cobertura universalizada, hierarquizada, integrada, regionalizada e descentralizada, sob o controle da comunidade" (Queiroz, 2003, p. 75). Percebe-se que a área médica está cada vez mais fracionada no âmbito de suas especialidades, o que aponta para um enorme risco: a fragmentação da pessoa que busca atendimento. Para Fontes (1995, p. 9) "(...) as propriedades das partes somente podem ser compreendidas a partir da dinâmica do todo". Segundo o autor, o modelo reducionista e o avanço da indústria farmacêutica têm sido útil no diagnóstico e tratamento de muitos casos, mas a saúde da população em geral, em especial a dos mais carentes economicamente, só irá melhorar se forem observados e amparados os aspectos sociais e os fatores ambientais. Como afirma Fontes (1995, p. 23), em outro trecho:

> A área da saúde, no capitalismo, não escapa aos interesses monopolistas das elites, mantendo a população politicamente desinformada e, consequentemente, alienada e dependente do poder dominante das classes mais abastadas. A questão se torna ética para os profissionais da saúde, mas é política em suas raízes sociais.

A atenção à saúde deve ser integral, contemplando os três níveis de atenção básica: a atenção primária (promoção da saúde e proteção específica), a atenção secundária (diagnóstico precoce e pronto atendimento) e a atenção terciária (reabilitação) (Kawamoto, 1995). O problema ocorre quando a saúde passa a ser vista como um bem de consumo, uma mercadoria adquirida por meio dos recursos econômicos e que traz, como consequência, um crescente aumento de muitas patologias, mesmo com o avanço das ciências médicas e farmacêuticas. De acordo com Lima (2005), a base do sistema de saúde é científica e tornou-se fria e impessoal; o usuário é visto como um mero portador da síndrome patológica, ou seja, há o prevalecimento da visão reducionista em detrimento da holística, característica do modelo biomédico.

Contudo, para que os cuidados com a saúde tenham realmente uma visão holística, há que se reconhecer os aspectos da individualidade, do social e do ecológico, tanto na prevenção como no diagnóstico e no tratamento. Para tanto, deve-se ampliar a forma de pensamento e adequar as medidas de intervenção, além de políticas públicas voltadas para a prevenção, não fazendo do processo de adoecimento a engrenagem que movimenta a indústria farmacêutica e, principalmente, o paciente deve passar de objeto para sujeito da ação. Segundo Lima (2005, p. 13):

> As explicações biomédicas são aproveitadas quando estão, de certa forma, relacionadas com os saberes preexistentes e quando se adaptam às necessidades ditadas pelas condições atuais de vida. E, dentro do mesmo contexto, sugere-se que a complexidade da saúde exige novas formas de interação com a dinâmica popular com o objetivo de procurar novas alternativas e soluções, individuais e coletivas, para problemas apresentados pelo grupo.

Nesse sentido, julga-se fundamental a ampliação do entendimento dos conceitos de promoção da saúde e prevenção de doença. De acordo com Teixeira (2002), o conceito de promoção da saúde foi empregado pela primeira vez por Sigerist, um historiador, em 1945, definindo-a como uma das tarefas essenciais da Medicina. Esse conceito foi retomado duas décadas depois em 1960, apresentando o aspecto positivo de saúde, no sentido de incentivar a prevenção das doenças por meio de hábitos e comportamentos saudáveis, assim como atuando diretamente nos fatores de risco. Já nos anos de 1970, constatou-se não ser suficiente atuar na cura das doenças, mas, mais importante, intervir na causa do adoecimento.

Na Inglaterra, nos Estados Unidos e no Canadá, entre os anos de 1920 e 1950, o Movimento da Medicina Preventiva surge como uma crítica à Medicina Curativa. Esse movimento propôs uma reforma na concepção dos profissionais e dos órgãos de atenção à saúde, introduzindo a epidemiologia dos fatores de risco como critério da causalidade do adoecimento (Arouca, 1975 apud Czeresnia, 2003). O conceito de prevenção foi definido por Leavell e Clarck (1976 apud Czeresnia, 2003) como uma ação antecipada, embasada no domínio da história natural, com o propósito de inviabilizar a evolução da doença.

Existem quatro grandes eixos dentro do enfoque da promoção da saúde, apresentados pelo Informe Lalonde, documento oficial do Governo do Canadá, publicado em 1974 (Teixeira, 2002): biologia humana, meio ambiente, estilo de vida e organização da atenção à saúde. Mas é só com a Carta de Ottawa, em 1986, que o conceito de promoção da saúde passou a ser entendido enquanto: "(...) o processo de capacitação da comunidade para atuar na melhoria da qualidade de vida e saúde, incluindo uma maior participação no controle deste processo." (Organização Mundial da Saúde, 1986 apud Buss, 2000, p. 165).

A partir da Carta de Ottawa são incorporados cinco grandes campos de ação como métodos da promoção da saúde: elaboração e implantação de políticas públicas saudáveis; criação de ambientes favoráveis à saúde; reforço da ação comunitária; desenvolvimento de habilidades pessoais e reorientação dos sistemas e serviços de saúde. Esses campos auxiliam as pessoas a conhecer e controlar os fatores determinantes das suas condições de saúde a partir do ambiente favorável, do acesso à informação e das oportunidades de fazer escolhas saudáveis (Buss, 2000).

As condições de vida das pessoas no que concerne à saúde e à doença dependem, em grande parte, das suas condições de trabalho, função desempenhada, base salarial, jornada de trabalho, local, horário, segurança e satisfação. As medidas relacionadas à promoção da saúde no trabalho devem levar em conta os aspectos mencionados por Scliar (2002). É com informação que se criam atitudes positivas, novos comportamentos são gerados e, consequentemente, novos hábitos. Mas, para isso, torna-se necessário entender o universo do trabalho, que será abordado no próximo item.

2.2 Processo evolutivo da saúde do trabalhador

Os aspectos relacionados à saúde do trabalhador referem-se a um campo do saber que busca compreender as relações entre saúde e doença, produzidos pelos processos de trabalho. Entendem-se a saúde e doença como processos dinâmicos, relacionados de maneira estreita com o desenvolvimento produtivo, em momentos históricos determinados (Brasil, 2001).

De acordo com esse entendimento, Mendes e Dias (1991) afirmam que as relações de trabalho interferem na forma como os trabalhadores definem o processo de saúde e adoecimento. Os autores sugerem que é fundamental conhecer como e porque se desenvolvem os mecanismos de adoecimento no trabalho e quais alternativas podem ser adotadas para combater a doença e promover a saúde. Dentre o contexto nos quais as pessoas vivem, é indispensável identificar características demográficas, traços culturais, aspectos políticos, dados socioeconômicos e epidemiológicos e a situação sanitária constitutiva daquele espaço territorial. As ações a serem desenvolvidas devem se apresentar na seguinte ordem: informação, decisão e ação. Ou seja, a partir do momento em que se tem acesso à realidade das pessoas, determinando as prioridades a partir dos problemas, basta decidir quais são as medidas mais adequadas e urgentes para, enfim, colocá-las em ação (Brasil, 2001).

Relacionando-se à saúde dos trabalhadores, deve-se levar em consideração os diversos riscos[5] aos quais eles estão ou poderão estar expostos durante o trabalho, sejam eles de ordem ambiental ou organizacional. Como afirma o Ministério da Saúde (Brasil, 2001, p. 9):

> Assim, as ações de saúde do trabalhador devem ser incluídas formalmente na agenda da rede básica de atenção à saúde. Dessa forma, amplia-se a assistência já ofertada aos trabalhadores, na medida em que passa a olhá-los como sujeitos a um adoecimento específico que exige estratégias – também específicas – de promoção, proteção e recuperação da saúde.

A saúde como bem maior do trabalhador é condição indispensável para o seu convívio social e o desenvolvimento das relações de produção. Vejamos, então, como essa questão vem sendo tratada no decorrer do tempo.

Com a consolidação da Revolução Industrial, a percepção destinada ao adoecimento no trabalho foi intensificada, tornando-se reivindicação dos movimentos trabalhistas surgidos desde então. Durante o século XIX, na Inglaterra, a Medicina do Trabalho desponta como especialidade médica, com

5 Risco pode ser entendido como toda situação real ou possibilidade de perigo (Ferreira, 1998).

profissionais atuando dentro das fábricas na tentativa de minimizar os riscos provocados pelo trabalho – a prevenção e a responsabilidade dos riscos provocados pelo trabalho à saúde do trabalhador eram tarefas exclusivas do médico (Mendes e Dias, 1991).

Porém, Dejours (1992, p. 14) afirma que a saúde, para a classe operária do século XIX, consistia em um tema ofuscado por outro motivo, este sim imprescindível: "(...) antes, é preciso que seja assegurada a subsistência, independentemente da doença. A luta pela saúde, nesta época, identifica-se com a luta pela sobrevivência: viver para o operário é não morrer". Isso evidencia o quanto as questões de saúde ficam em segundo plano quando está em questão a subsistência, fato que, em muitas situações, perdura até os dias atuais.

As condições de trabalho relacionadas à saúde sofrem modificações principalmente a partir da Primeira Guerra Mundial (1914–1918), quando o movimento operário tenta conseguir melhorias nesse âmbito. Os resultados mais significativos foram obtidos onde o número de trabalhadores era mais numeroso e o trabalho tinha valor econômico estratégico. Em 1913, algumas empresas passam a adotar os exames pré-admissionais. Em 1916, ocorre a redução da jornada de trabalho para oito horas por dia (com surpreendente aumento de produção) e, em 1919, as doenças ocupacionais são reconhecidas, assim como a indenização e o cuidado aos doentes. Também em 1919 é criada a lei referente à atenuação dos perigos e da insalubridade, modificada em 1951, prevendo o uso obrigatório de dispositivos de segurança nas máquinas. Ao fim da Segunda Guerra Mundial, foram institucionalizadas a Medicina do Trabalho (1946), a Previdência Social (1945) e os Comitês de Higiene e Segurança (1947) (Dejours, 1992).

Segundo Mendes e Dias (1991), a preocupação com o oferecimento dos serviços médicos aos trabalhadores começa a se refletir no cenário internacional, inclusive para a Organização Internacional do Trabalho (OIT), criada em 1919. Sendo assim, em 1953, a OIT, por meio da Recomendação n. 97 referente à Proteção da Saúde dos Trabalhadores, fomenta a qualificação para a Medicina do Trabalho, além de estudos sobre as diretrizes gerais da organização de serviços médicos do trabalho.

Mesmo com a atuação de profissionais da Medicina nos locais de trabalho, continuam ocorrendo sérios danos à saúde dos trabalhadores. Surge, assim, a saúde ocupacional, que tem características multi e interdisciplinar, ou seja, conta com a atuação de vários profissionais relacionados à saúde e à segurança no trabalho (Mendes e Dias, 1991).

A saúde ocupacional se origina sob o amparo da saúde pública, trazendo uma visão bem mais abrangente do que aquela apresentada pela Medicina do Trabalho.

Pode-se dizer que houve uma ampliação, contribuindo para a construção de respostas racionais e científicas a problemas de saúde provocados pelo ambiente e pelos processos de trabalho (Brasil, 2005).

Embora algumas condições de trabalho tenham melhorado, os trabalhadores continuaram sendo meros objetos da ação. Aparecem, portanto, movimentos sindicais engajados em promover esses trabalhadores a sujeitos da ação, tendo em vista que eles são os que mais conhecem as situações concretas do cotidiano. Como resultado, uma nova legislação adotada marca a transição dos termos saúde ocupacional para saúde do trabalhador (Mendes e Dias, 1991).

A saúde do trabalhador é conceituada como a área que contempla aplicação e conhecimento técnico acerca dos múltiplos fatores que envolvem a saúde do trabalhador e de seus familiares, mesmo quando da origem dos problemas se der externamente ao ambiente de trabalho. Ela ainda considera as diferentes manifestações e variações do processo de adoecimento que afetam os trabalhadores, assim como diversas maneiras de atuação e enfrentamento (Brasil, 2005).

O processo saúde-trabalho passou a ser analisado não como um simples impacto do trabalho sobre os trabalhadores, mas como consequência da relação de produção, determinada socialmente pela dialética entre capital e trabalho. Hoje, as condições de ambiente de saúde e segurança no trabalho passam a ser compreendidas como garantias essenciais para a qualidade de vida das pessoas e para o direito de cidadania (Frias Júnior, 1999).

De acordo com Oliveira e Vasconcellos (1992), existe uma multiplicidade de instituições formadoras de opinião dos profissionais que atuam na saúde do trabalhador. De um lado, a formação convencional, tentando suprir os interesses patronais de um mercado de trabalho, ou seja, primando pelo cumprimento da legislação. Essa formação, no Brasil, é representada pela Fundação Jorge Duprat Figueiredo de Segurança e Medicina do Trabalho (Fundacentro). De outro lado, observamos o processo de formação dentro da concepção da saúde pública[6], promovido pelas universidades.

Nesse caso, percebe-se uma fragmentação de concepções no âmbito da saúde do trabalhador, resultando em ações estanques, desenvolvidas por distintas instituições, distanciadas constitucionalmente. Destaca-se a necessidade de uma integração das ações para a saúde do trabalhador por parte dos órgãos que a coordenam, assim como dos diferentes profissionais que nela atuam (Oliveira e Vasconcellos, 1992).

O principal objetivo das estratégias voltadas para a saúde do trabalhador, seja por parte da organização, dos profissionais da área da saúde ou dos próprios

6 Entendida, aqui, como um conjunto de ações de saúde sobre as pessoas e sobre o ambiente (Scliar, 2002).

trabalhadores, relaciona-se à prevenção e ao combate das doenças ocupacionais, patologias resultantes de movimentos repetitivos, posturas inadequadas, sobrecarga de trabalho etc.

2.3 Doenças ocupacionais

Para Dejours (1992), a manifestação de doenças é a única forma que o trabalhador tem de expressar que alguma coisa no seu ambiente ocupacional não anda bem e que está lhe causando sofrimento, situação crescente e que vem exigido medidas preventivas e corretivas por parte dos governantes e das empresas.

De acordo com o Ministério da Previdência Social, no seu Anuário Estatístico da Previdência Social (APES), do ano de 2007, as doenças ocupacionais são enfermidades desencadeadas ou agravadas no exercício da tarefa laboral, sejam elas temporárias ou permanentes. Essas doenças são classificadas como acidentes de trabalho e independe se elas foram ou não registradas na Comunicação de Acidente de Trabalho (CAT) e no Instituto Nacional do Seguro Social (INSS) (Brasil, 2005).

O Brasil é considerado um dos países com maiores índices de acidentes de trabalho e doenças ocupacionais, o que tem gerado custos elevados. Segundo dados do Serviço Social da Indústria (2004), são gastos, anualmente, R$ 5,9 bilhões em benefícios previdenciários, sendo que as empresas deixam de ganhar R$ 26 bilhões com horas de trabalho perdidas, recuperação da saúde, reinserção no mercado de trabalho, licenças etc. – o que representa perda anual de 4% do Produto Interno Bruto (PIB).

As doenças com maior número de registros no Brasil são as Lesões por Esforços Repetitivos (LER) e os Distúrbios Osteomusculares Relacionados ao Trabalho (DORT) (Brasil, 2005). Essas doenças, que podem ter sua origem atribuída a várias causas de ordem física, são definidas por Nascimento e Moraes (2000, p. 23) como:

> Afecções que podem acometer os ossos, tendões, sinoviais, músculos, nervos, fácias e/ou ligamentos. Afecções estas que podem se apresentar de forma isolada ou associada, tendo como manifestações clínicas, dor, inflamação e distúrbios neurovasculares, que podem, por vezes, levar a degradação da funcionalidade e, em casos mais graves, ao desequilíbrio emocional.

O termo LER foi amplamente utilizado para diagnosticar diversas condições dolorosas; todavia, tem como causa principal o movimento repetitivo realizado em qualquer ambiente. Sendo assim, quando mencionarmos alguma afecção musculoesquelética adquirida apenas no ambiente de trabalho, adotaremos o termo DORT, mais adequado para o contexto ao qual nos referimos. Salientamos o que Mendes e Leite (2008, p. 17) afirmam: "(...) todos os DORT são LER, mas nem todas as LER são DORT".

Também de acordo com Nascimento e Moraes (2000) e Mendes e Leite (2008), podem ser encontradas, na literatura, as seguintes denominações: Síndrome da Sobrecarga Ocupacional (SSO); Distúrbio por Trauma Cumulativo (DTC); Afecções Musculoesqueléticas Relacionadas ao Trabalho (AMERTs); Lesão por Trauma Cumulativo (LTC); Distúrbio Musculoesquelético Ocupacional (DMO), entre outras.

As LER/DORT evoluem de forma gradativa e particular. Para Lima (2005), as patologias ocupacionais devem ser prevenidas e tratadas com muita seriedade e responsabilidade, pois além de serem processos dolorosos, podendo causar a invalidez do trabalhador, também acarretam prejuízos de ordem psicológica, como angústia, depressão e incertezas quanto ao futuro. Os investimentos para reduzir e combater a incidência das LER/DORT são decorrentes do alto custo gerado para o tratamento desses casos (Lima, 2005).

Partindo do princípio de que a causa das LER/DORT é de origem multifatorial, existem pessoas com maior predisposição ao desenvolvimento desse tipo de patologias. São aquelas que atuam em cargos de chefia ou de grande responsabilidade, convivendo com a tensão e um intenso ritmo de trabalho, dispondo de poucos momentos de descanso.

De acordo com Melo (1998), independente do tipo da patologia apresentada, as LER/DORT manifestam sintomas semelhantes e são classificadas nos seguintes graus de evolução:

- *Grau ou Fase 0*: o trabalhador está exposto a uma situação de trabalho inadequada. Ele começa a apresentar desconforto e sensação de peso, acentuando-se no final do expediente ou durante os picos de produção. O desconforto tende a diminuir ou até a cessar com o repouso ou com a redução do ritmo de trabalho. Nesse caso, devem ser realizadas investigações e intervenções ergonômicas no posto de trabalho, a fim de reduzir o risco ergonômico. Assim, o trabalhador deverá participar de atividades de prevenção das patologias ocupacionais, bem como a de ginástica laboral, além de praticar exercícios físicos, realizar exames médicos e fisioterápicos periodicamente, usar equipamentos de segurança e adotar postura adequada no trabalho.

- *Grau ou Fase I*: neste estágio, o desconforto persiste e se intensifica, não cessando com o repouso (apenas é minimizado), persistindo por longos períodos e surgindo com mais frequência no ambiente de trabalho não apenas durante os picos de produção ou no final do expediente. A dor é leve e fugaz, podendo ser detectada em exames clínicos quando se comprime a massa muscular envolvida, tendo de haver, então, mudanças no ambiente de trabalho. A Comunicação de Acidentes de Trabalho (CAT) deve ser acionada e o trabalhador encaminhado para tratamento. O prognóstico é bom.
- *Grau ou Fase II*: existe provável redução na produção de trabalho devido à dor ser intensa e persistente, mesmo fora desse ambiente. A pessoa passa a apresentar dificuldades ou restrições em realizar atividades domésticas e cuidados na higiene pessoal. A dor é mais localizada, com irradiação no segmento corporal afetado, apresentando nodulações e redução de sensibilidade, podendo ser acompanhada de calor e parestesias (formigamento). Neste estágio, o tratamento é medicamentoso, apresentando prognóstico variável.
- *Grau ou Fase III*: nesta fase, a pessoa apresenta dor intensa e irradiação bem definida. A produtividade torna-se mínima, o afastamento é inevitável e o retorno improvável, gerando medo quanto à seguridade do cargo, associada à alteração no relacionamento familiar, podendo desenvolver angústia e depressão profunda. A pessoa apresenta edema, hipertrofia muscular e perda de sensibilidade, trazendo muita dor quando apalpada a região afetada, com frequente perda de força associada à parestesia. Há paroxismos, ou seja, crises noturnas, prejudicando consideravelmente a qualidade do sono. O prognóstico é grave.
- *Grau ou Fase IV*: neste nível, torna-se notável a perda de força e a limitação dos movimentos, associada à atrofia do membro. É anulada a capacidade de trabalho e a invalidez é caracterizada pela impossibilidade nas atividades de trabalho e, muitas vezes, domiciliares, trazendo alterações psicológicas. O edema persiste e poderão surgir deformações, o que acarreta um prognóstico sombrio.

Os sintomas e quadros evolutivos apresentados nas diferentes fases de evolução das doenças ocupacionais são típicos em diferentes distúrbios patológicos. Apontaremos, a seguir, os que ocorrem com maior frequência nesse ambiente ocupacional. De acordo com Gann (2005), a tendinite, a tenossinovite e a bursite são descritas assim:

a) Tendinite

É uma inflamação instalada nos tendões, a qual pode ter origens distintas, como a origem mecânica, decorrente dos movimentos repetitivos ou da sobrecarga de esforço físico. Também pode ter origem química, provocada por desidratação, alimentação incorreta e toxinas no organismo, pois quando as estruturas tendíneas não estão suficientemente drenadas, o atrito será acentuado, desencadeando a inflamação.

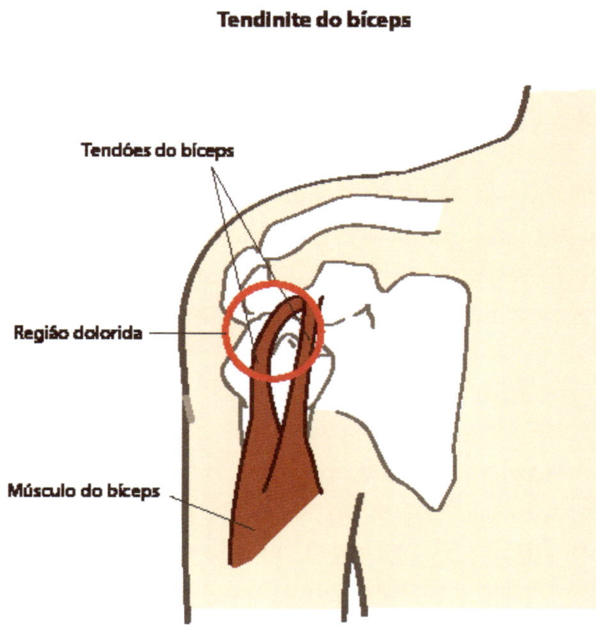

Figura 2.1 – Demonstração visual da tendinite.

Fonte: Clínica Deckers (2008).

b) Tenossinovite

É considerada uma inflamação nos tecidos sinoviais, que envolvem os tendões, em sua passagem por túneis osteofibrosos, polias e locais em que a direção da força é mudada. Dessa forma, deve-se evitar o movimento repetitivo de longa duração, atitude a qual deve ser menor ainda se o movimento for feito com peso. A Figura 2.2 demonstra como pode ocorrer o processo inflamatório nos tendões, denominado tenossinovite.

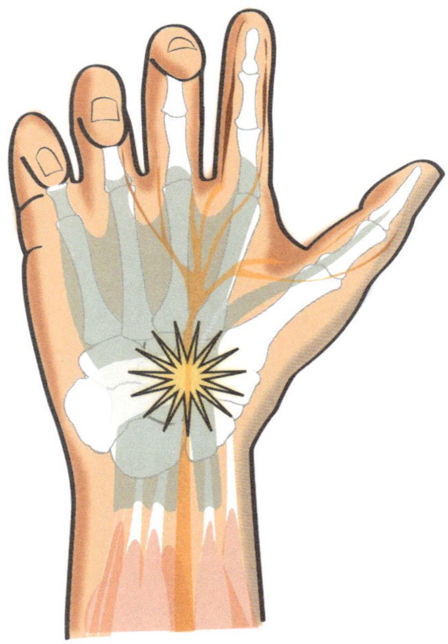

FIGURA 2.2 – Demonstração visual da tenossinovite.
Fonte: Grupo Marimar (2008).

c) Bursite

É um processo inflamatório, que acomete as bursas, pequenas bolsas constituídas de fibras colágenas e revestidas de membrana sinovial, que estão localizadas entre as estruturas articulares. Quando ocorre fricção excessiva, provocada pelas atividades desempenhadas, pode desencadear a médio e longo prazo um processo inflamatório.

Existem várias bursas pelo nosso corpo, porém, a região afetada com maior incidência, no ambiente ocupacional, é a do ombro, principalmente para os trabalhadores que realizam movimentos cuja amplitude leva os braços acima da linha do ombro, pressionando, então, as bursas. No caso de bursite confirmada, o processo inflamatório é agravado. É de suma importância estar atento aos sinais desse processo que, se for diagnosticado em estado inicial, oferece maiores chances de recuperação rápida.

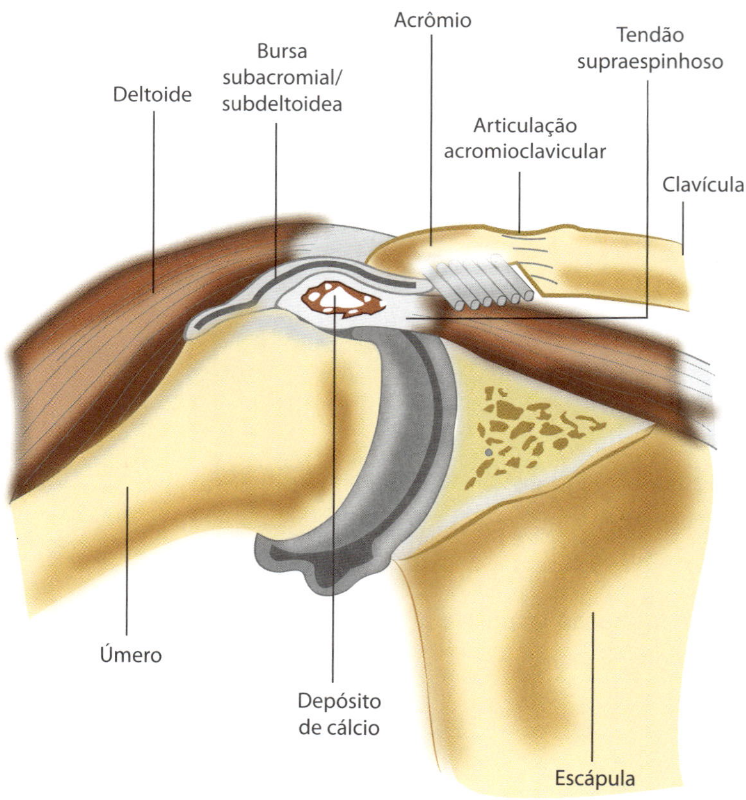

FIGURA 2.3 – Demonstração visual da bursite.
Fonte: Medicina Geriátrica (2008).

Além das doenças ocupacionais de ordem física já mencionadas, de acordo com Gann (2005), existem outras, que se manifestam de forma bastante significativa no contexto de trabalho, como a artrite, a Síndrome do Túnel do Carpo, a cervicalgia e a lombalgia. A seguir, estão descritos os conceitos e expostos os esquemas visuais dessas patologias.

d) Artrite

De acordo com Nieman (1999), as artrites são um conjunto de doenças reumáticas que acometem as estruturas articulares, ocasionando dor, aumento do volume articular e limitação dos movimentos. Por ser uma patologia crônica, perdura por toda vida, portanto, é considerada uma das patologias ocupacionais mais onerosas.

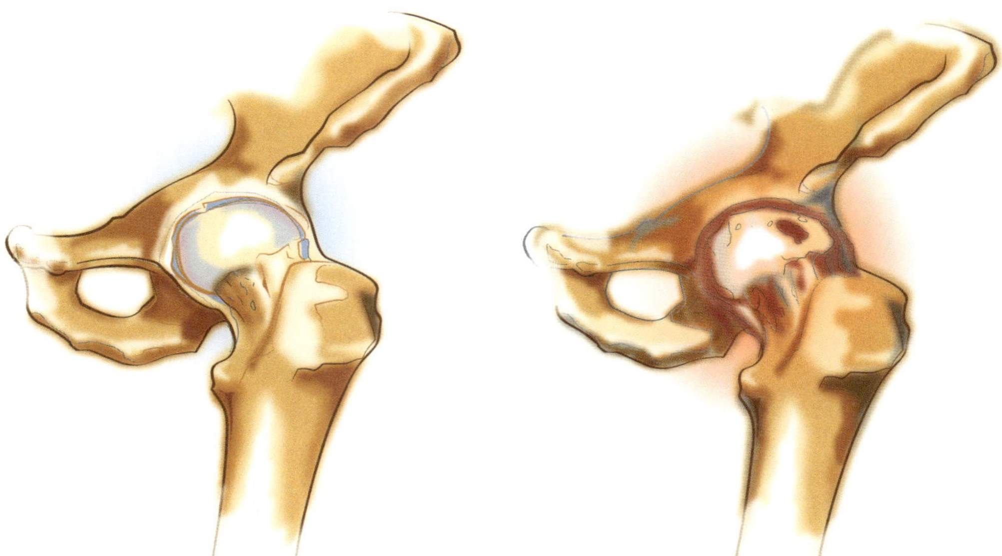

FIGURA 2.4 – Demonstração visual da artrite.
Fonte: Biomet (2009a, 2009b).

e) Síndrome do Túnel do Carpo

A síndrome é ocasionada pela inflamação do nervo mediano, responsável pelo movimento do dedo polegar e sensibilidade no dedo médio, indicador e parte da mão. Nascimento e Moraes (2000) a definem como uma neuropatia compressiva muito comum. Nela, ocorre uma compressão no nervo mediano desencadeado por fatores que determinam o aumento do volume das estruturas que passam no túnel do carpo ou por alterações da forma do túnel. O túnel do carpo é um forame por onde passa o nervo mediano, juntamente com os tendões flexores. Dessa forma, quando realizamos muitos movimentos repetitivos que requerem os tendões flexores, ocorrerá uma resposta de dor com o respectivo aumento de volume, resultando em uma compressão no nervo mediano, de modo que impossibilite sua utilização.

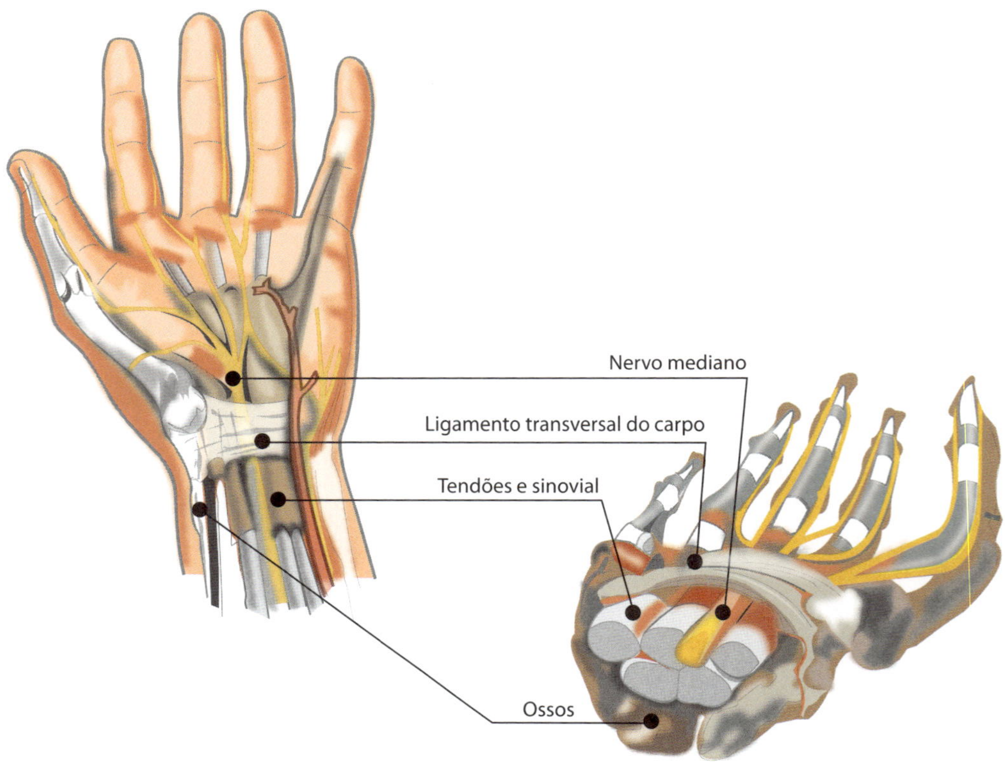

FIGURA 2.5 – Demonstração visual da Síndrome do Túnel do Carpo.
Fonte: Mais Educação (2008).

f) Cervicalgia

De acordo com Nascimento e Moraes (2000), a cervicalgia caracteriza-se por ser uma dor localizada na região cervical da coluna. Ocorre com muita frequência, tanto por posturas inadequadas quanto por movimentos repetitivos e vícios posturais adotados no local de trabalho ou fora dele. Quando não tratada e combatida, a cervicalgia poderá evoluir para um cervicobraquialgia, que é uma dor localizada na região cervical com irradiação para os membros superiores por pinçamento de raiz nervosa.

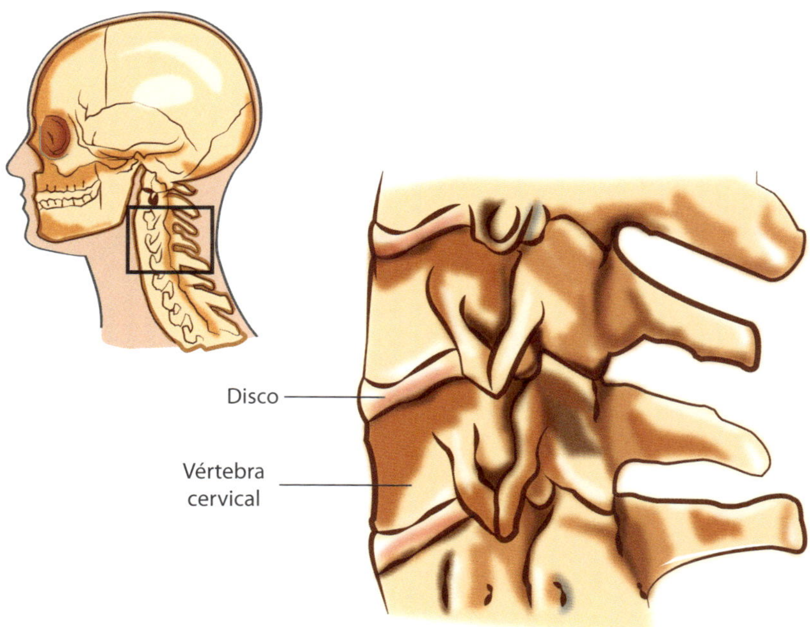

Figura 2.6 – Demonstração visual da cervicalgia.

Fonte: Osteopatia (2008).

g) Lombalgia

A lombalgia é frequentemente diagnosticada como a doença ocupacional que provoca maior incidência de queixas e de dores. É caracterizada pelas dores localizadas na região lombar e pode ser resultante, dentre outros fatores, de posturas viciosas – no trabalho, em ambientes de lazer, em casa ou durante o dormir – ou do levantamento de pesos de forma inadequada (Nascimento e Moraes, 2000).

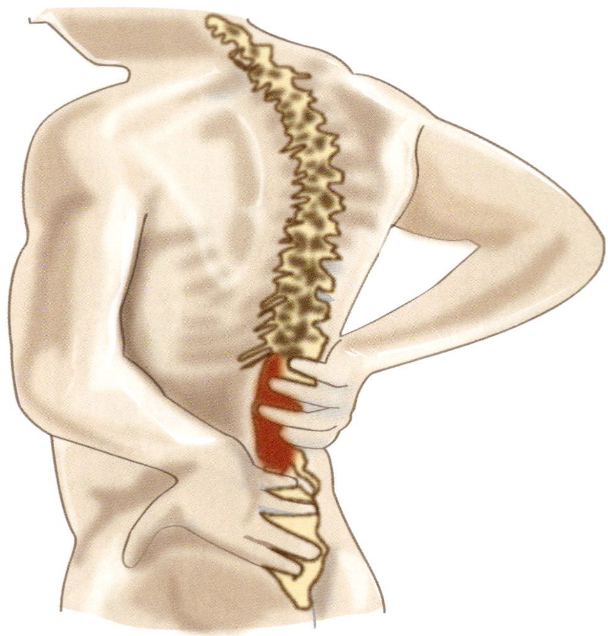

Figura 2.7 – Demonstração visual da lombalgia.
Fonte: Lazarini (2008).

De acordo com Araújo (1998), as pessoas que desenvolvem LER/DORT, em geral, ficam extremamente fragilizadas, pois sofrem inúmeros danos físicos, muitas vezes irreparáveis, além de abalos emocionais significativos, semelhantes à depressão. Esse é um quadro provocado por razões como a restrição ao trabalho, as fortes dores sentidas e a possibilidade de não desenvolver atividades rotineiras. Ainda, segundo o autor, o trabalhador, quando adoece, é vítima de desconfiança, já que, por vezes, suas queixas são consideradas fingimento ou estratégia para denunciar a empresa. Torna-se, então, extremamente complicado para o trabalhador desempenhar outra função dentro da empresa, ou até mesmo conseguir um novo trabalho.

Dessa forma, as doenças de ordem física são provocadas ou agravadas por aspectos de caráter psicossomático, assim como podem ocorrer de maneira inversa. Seligmann-Silva (1994) afirma que as relações de trabalho podem tanto fortalecer a saúde do trabalhador quanto provocar o seu adoecimento. Segundo a autora, tem sido crescente o número de pesquisas relacionadas à Saúde Mental do Trabalhador (SMT), que apontam para o aumento da ocorrência de distúrbios de natureza psicossocial, como o estresse e a estafa profissional (ou o *burnout*), as quais serão discutidas a seguir.

A Associação Brasileira de Stress (2009) define o estresse como uma reação do organismo causada por reações psicofisiológicas, que se manifestam quando a pessoa se confronta com situações desconhecidas, que podem provocar angústia, medo, pavor e ansiedade. Para Seligmann-Silva (1994), no caso específico do estresse vinculado ao trabalho, é importante identificar aspectos estressores no ambiente ocupacional, além de reconhecer que o apoio social é o principal aspecto protetor. Nesse sentido, a ginástica laboral e a ergonomia são importantes estratégias para minimizar os efeitos nocivos do estresse.

Já a síndrome da estafa profissional, também denominada *burnout*, é uma consequência decorrente de prolongados níveis de estresse no trabalho, provocando exaustão ou estafa emocional, dificuldade de relacionamento (acarretando o distanciamento das relações pessoais) e redução do sentimento de realização pessoal. As dimensões organizacionais, as características individuais, o trabalho e a sociedade são considerados os principais fatores de risco para o desenvolvimento dessa síndrome (Trigo, Teng e Hallack, 2007).

Para combater os efeitos nocivos do trabalho e o surgimento das doenças ocupacionais, as organizações têm investido em áreas como a ergonomia e a ginástica laboral, conforme já adiantamos. Mas é preciso enfatizar que tais recursos devem estar associados a outras medidas organizacionais, como a gestão participativa, as questões salariais e a valorização das pessoas, o que implica fazer que as necessidades dos trabalhadores sejam correspondidas antes dos interesses capitalistas.

CAPÍTULO 3

QUALIDADE DE VIDA NO TRABALHO

Fabiane Maria Zat
Angela Elizabeth Lapa Coêlho

"Felicidade é a certeza de que a nossa vida não está se passando inutilmente".
(Érico Veríssimo)

Embora a qualidade de vida no trabalho seja o tema central deste capítulo, a temática está inserida em um contexto maior. Iniciaremos com a abordagem a partir de uma rápida perspectiva histórica, que será seguida por uma discussão sobre o estilo de vida, já que este é um dos aspectos determinantes para se pensar em qualidade de vida. Como desfecho, o capítulo apresentará questões que associam essa qualidade de vida ao trabalho.

3.1 Aspectos históricos e conceituais da qualidade de vida

O termo qualidade de vida vem sendo amplamente difundido, em geral associado a produtos e bens. Mas é importante uma discussão mais aprofundada a seu respeito, devido à abrangência que lhe é significativa. Para Beck, Budó e Bracini (1999), a ideia de qualidade de vida surgiu antes de Aristóteles, inicialmente vinculada a fatores como felicidade e virtude, os quais, quando alcançados, proporcionavam às pessoas "boa vida"; a ideia era veiculada, ainda, para designar estados de bem-estar, aspiração e satisfação. Yamada (2001) diz que 1920 foi o ano no qual o termo "qualidade de vida" foi citado pela primeira vez, quando Arthur Cecil Pigou o empregou em *The Economics of Welfare*, que abordava as temáticas da economia e do bem-estar.

Após a Segunda Guerra Mundial (1945), o termo foi aplicado com o intuito de sinalizar que as boas condições de vida das pessoas iam além dos recursos materiais disponíveis, dependendo, assim, de outros fatores (Lima, 2006). Em 1947, a Organização Mundial da Saúde (OMS) conceituou qualidade de vida a partir da definição de saúde (Beck, Budó e Brancini, 1999). Em 1964, o então presidente dos Estados Unidos da América (EUA), Lyndon Johnson, coloca o termo "qualidade de vida" em destaque na mídia. Referindo-se ao sistema bancário norte-americano, declarou: "(...) os objetivos não podem ser medidos através do balanço dos bancos. Eles podem ser medidos por meio da qualidade de vida que proporcionam às pessoas" (Fleck et al., 1999, p. 20).

Amorim e Blanco (2007) atentam para o surgimento, em 1960, do conceito de qualidade de vida, durante uma análise essencialmente economicista, de acordo com a qual os níveis eram analisados com base no crescimento econômico das sociedades, levando em conta as taxas do Produto Interno Bruto (PIB) e os números de mortalidade e de expectativa de vida. De acordo com Wilkinson e Pickett (2010 apud Resende, 2011), o crescimento econômico influencia as condições de qualidade de vida e bem-estar à medida que é capaz de suprir as necessidades básicas da população, ponto a partir do qual deixa de ser determinante. Segundo os autores, o fator que provoca maior influência é a desigualdade social, que piora a vida tanto dos estratos sociais menos favorecidos, pelas restrições que provoca, quanto dos mais afortunados, afetados pelo aumento da criminalidade e desejosos de maior segurança. Contudo, a partir da década de 1970, o conceito de qualidade de vida foi ampliado e se passou a considerar, em seu bojo, elementos sociais, psicológicos, políticos e culturais (Amorim e Blanco, 2007).

Para Minayo, Hartz e Buss (2000), a expressão "qualidade de vida" consiste em uma polissemia, ou seja, diferentes sentidos lhe são empregados. Pode-se afirmar que cada pessoa tem o seu próprio entendimento acerca do termo, fruto de seus valores individuais, tais como religião, cultura e grau de instrução.

No meio científico, a construção dos conceitos de qualidade de vida é multidisciplinar, oriundo de diferentes áreas do conhecimento e aplicado a temáticas distintas. Para a OMS, a qualidade de vida é compreendida como "(...) a percepção do indivíduo de sua posição na vida, no contexto de sua cultura e no sistema de valores em que vive e em relação aos seus objetivos, expectativas, padrões e preocupações" (Fleck et al., 1999, p. 199).

Se para Minayo, Harz e Buss (2000) a qualidade de vida é algo eminentemente humano, que implica o nível de satisfação das pessoas em relação a sua vida familiar, amorosa, social e ambiental, Moreira (2001) propõe que ela é um reflexo de um conjunto de fatores, como alimentação, moradia, saneamento básico, transporte, lazer, autonomia financeira, satisfação/realização profissional, vida sexual e amorosa, relacionamentos com outras pessoas etc.

Em estudo realizado por Silva e De Marchi (1997), o estilo de vida adotado pelas pessoas é responsável por 50% das suas condições de saúde e qualidade de vida, enquanto os outros 50% dependem das características genéticas, assistência médica e meio ambiente. Assim sendo, pode-se afirmar com segurança que a qualidade de vida depende, na sua maior parte, de como se vive no dia a dia. Adiante, um aprofundamento do tema nos auxiliará na tarefa de expor como medidas de promoção da qualidade de vida são eficientes, inclusive no ambiente ocupacional.

3.2 Influências do estilo de vida

Cada indivíduo é singular, assim como seu modo de viver e de se relacionar com o meio em que está inserido, influenciado pela cultura, pela situação socioeconômica e por políticas públicas. O modo de viver adotado por cada um pode ser entendido como estilo de vida, o qual seguramente irá se refletir de forma significativa nas condições de qualidade de vida, em especial no que se refere ao estado de saúde ou doença.

Conforme Nahas (2006), o estilo de vida é um conjunto de atitudes habituais que norteia o nosso comportamento. Ele provoca interferências nos diferentes aspectos de nossa vida, seja no campo emocional ou profissional, estando ambos submetidos às condições de saúde. Cañete (1996) complementa esse pensamento ao mencionar que estilo de vida é a forma pela qual um indivíduo ou até mesmo um grupo social vivencia o mundo e, em consequência, se comporta e faz suas escolhas.

Bourdieu (1983) endossa os estudiosos que afirmam existir, na sociedade, diferentes formas de estilos de vida dimensionadas pela posição ocupada pelos grupos no contexto social e determinadas pela diferenciação das condições existenciais.

Nos diversos tipos de mídia existentes na atualidade, não raro, observa-se que o tema encontra-se em pauta, na forma de discussão ou como mero elemento de *marketing*. O discurso das pessoas, não importa em que nível social elas estejam inseridas, também aponta para a necessidade de se ter um estilo de vida saudável, ainda que isso não seja o suficiente para que mudanças nas atitudes sejam promovidas. Para aquelas menos favorecidas economicamente, no entanto, há que se reconhecer a dificuldade de acesso à boa alimentação e às condições de moradia, segurança e trabalho.

Para Maslow (1970), existe uma hierarquia das necessidades humanas, composta de cinco necessidades fundamentais: fisiológica, segurança, amor, estima e autorrealização, respectivamente, sendo necessário superar um nível para, então, elevar-se ao próximo.

Mas, independente da realidade social em que cada pessoa está inserida, todos tem um estilo próprio de viver. O estilo de vida é um fator determinante nos níveis de qualidade de vida e está diretamente relacionado ao bem-estar e às condições favoráveis de vida que, quando alcançadas, desencadeiam maior sensação de conforto em todos os setores da vida. Um estilo de vida que favorece as boas condições de vida e promove a saúde é resultado de um processo de conscientização e persistência na adoção e manutenção dos bons hábitos.

Segundo a Organização Mundial da Saúde, em média 80% da incidência de doenças cardiovasculares e diabetes, bem como 40% dos casos de câncer, podem ser evitados ou minimizados pela mudança do estilo de vida, fundamentada na prática de atividade física, alimentação saudável, exclusão do hábito de fumar e comportamento preventivo (CONFEF, 2008). Em estudo realizado por Yatsuya (2008), no Japão, foi constatado que um estilo de vida sadio pode reduzir de 71% a 92% a probabilidade de manifestação de síndromes metabólicas e doenças cardiovasculares. O autor ainda sugere que o estilo de vida ideal inclui: o regime alimentar, a maneira de comer, a atividade física três vezes por semana, o corte de álcool e de cigarros e a manutenção de um peso estável.

Resultados semelhantes, obtidos em pesquisas realizadas nos EUA, comprovam que pessoas que realizam exercícios físicos com intensidade moderada e com regularidade reduzem em até 66% a probabilidade de óbito provocado por doenças cardiovasculares. Pequenas mudanças comportamentais podem contribuir de forma significativa para uma vida mais saudável, com qualidade e maiores perspectivas de longevidade (Lima, 2003). Manter um estilo de vida ativo é fundamental na promoção da saúde, na melhora da qualidade de vida e na maior longevidade, além de auxiliar, de forma significativa, na redução da probabilidade e da incidência de doenças não infectocontagiosas.

A seguir, apresentaremos um gráfico que indica os principais fatores que influenciam nas condições de qualidade de vida e longevidade, sendo: estilo de vida, assistência médica, característica genética e meio ambiente.

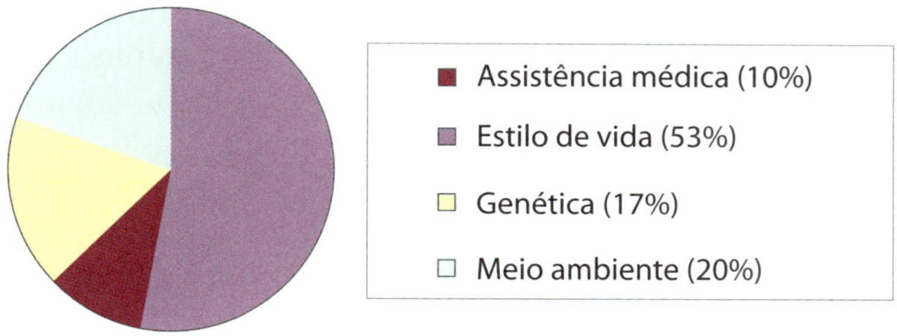

Gráfico 3.1 – Estilo de vida (o peso dos fatores que fazem uma pessoa viver além dos 65 anos)

Fonte: Universidade de Stanford (2004 apud Maciel, 2008, p. 72).

De acordo com os dados apresentados no gráfico, podemos perceber o quanto o estilo é determinante nas nossas condições de vida, que dependem, mais da metade, das atitudes adotadas em nosso cotidiano. Quando se trata de assistência médica, são inúmeros os fatores que irão interferir na acessibilidade e na qualidade do atendimento. Inicialmente, nos deparamos com as políticas públicas de saúde, a infraestrutura disponível, a qualidade dos profissionais e o acesso à assistência médica. Quanto à atitude de cada pessoa em buscar os serviços de saúde e seguir as recomendações, esbarramos no nível de informação e conscientização, na disponibilidade de planos de saúde e nas barreiras impostas pelo atendimento no serviço público.

Os fatores genéticos, por sua vez, embora sejam heranças imutáveis, estão parcialmente condicionados ao estilo de vida que, quanto melhor for, diminuirá a probabilidade e a intensidade de manifestação dessas patologias. O fator meio ambiente é amplo, composto de inúmeros aspectos de responsabilidades múltiplas, que envolvem as questões ecológicas e as características do ambiente no qual vivemos. No que se refere aos recursos ecológicos, inclui-se a qualidade da água, do ar, do solo, a temperatura, a umidade relativa do ar, a precipitação de chuva, a conservação de reservas naturais e dos biomas dos ecossistemas e a preservação de encostas e mananciais. A relação e o cuidado com todos esses recursos vão influenciar de forma direta nas condições de vida da população global.

É preciso grande tomada de consciência para o uso sustentável dos recursos de que dispomos, o que inclui uma preocupação com o destino adequado dos dejetos e com a reutilização de materiais. Cuidar da natureza, antes de tudo, é cuidar de nossa vida, pois não sobrevivemos sem o que nos é vital.

De acordo com Pohl (2003), o estilo de vida está vinculado às experiências das pessoas e aos aspectos relacionados com o seu desenvolvimento físico e social, que podem contribuir com o surgimento de comportamentos de risco ou, no caso de um estilo de vida sadio, atuar como fator de proteção e prevenção de doenças. Promover mudanças no estilo de vida requer ações educacionais, de forma sistemática e contínua, envolvendo indivíduo, sociedade e governo. No cenário corporativo, são necessárias medidas conjuntas que atendam aos interesses de empregados e empregadores, em um contexto no qual há informação e comprometimento de ambas as partes.

3.3 Qualidade de vida no trabalho (QVT)

De um modo geral, as pessoas dedicam grande parte do seu dia no exercício da tarefa ocupacional, frequentemente ultrapassando os limites da jornada de trabalho em detrimento do pouco tempo que seria dedicado às demais atividades sociais. Pela grande importância que o trabalho exerce em nossas vidas, como principal meio de subsistência e realizações, é de suma importância elaborar e desenvolver medidas que favoreçam a boa qualidade de vida nesse ambiente.

As organizações têm buscado alternativas para enfrentar as profundas e constantes modificações na economia mundial, nas relações políticas e sociais, na evolução tecnológica na organização produtiva e nas relações de trabalho. Albuquerque (1992) cita que, dentro do contexto organizacional, existe uma constante demanda por produtividade e competitividade de mercado.

Para Rodrigues (1999), há, entre os gestores empresariais, uma crescente conscientização da importância da qualidade de vida no trabalho, não importando a área de formação destes profissionais. Inicialmente, os programas de saúde ocupacional e segurança do trabalho contemplavam, de modo prioritário, o chamado chão de fábrica; essa realidade tem se modificado gradativamente, atuando em todos os níveis hierárquicos.

Segundo Vasconcelos (2001), a preocupação da raça humana com a qualidade de vida relacionada ao trabalho vem desde 300 a.C., embora se utilizando de diferentes nomenclaturas, enfoques e contextos. Nessa época, estudiosos já pesquisavam métodos para melhorar e diminuir os esforços físicos dos trabalhadores, almejando proporcionar maior bem-estar e até algum tipo de satisfação.

A origem do termo "qualidade de vida no trabalho" surgiu na Inglaterra, em 1950, quando Eric Trist e seus colaboradores analisaram uma nova técnica que agrupava indivíduo, trabalho e organização. Essa nova técnica priorizava a satisfação do trabalhador com relação à sua tarefa ocupacional (Rodrigues, 1999).

O modelo de gestão capitalista imposto pelos sistemas taylorista e fordista provoca o surgimento de novos limites para a competitividade empresarial, além de acarretar o aparecimento de movimentos trabalhistas em busca de melhores condições de vida no trabalho. A década de referência da crise ocorreu entre os anos de 1965 e 1975, caracterizada pelos movimentos encabeçados pelos sindicatos dos trabalhadores, tendo como principais fatos desencadeadores da crise o descompasso entre a valorização do capital e o aumento de produtividade; o aumento das taxas de juros e a diminuição de investimentos, provocando desemprego e diminuição da renda. É nesse panorama que ocorre o processo de reestruturação produtiva, trazendo modificações institucionais nas relações produtivas e de trabalho (Ferreira, Alves e Tostes, 2009). No Brasil, a preocupação com a qualidade de vida no trabalho teve um início mais tardio, aliado aos programas de qualidade total e devido à preocupação em ser apto para competir no cenário de maior abertura para importação de produtos estrangeiros (Cañete, 1996).

Walton (1973) define o entendimento de qualidade de vida no trabalho como o conjunto de medidas que visam atender às necessidades e aspirações humanas, fundamentadas em concepções humanizadoras do ambiente de trabalho, atendendo às responsabilidades sociais das organizações. Compactuando com essa concepção, Limongi-França e Arellano (2002) definem que a síntese da qualidade de vida no trabalho está vinculada à aplicação efetiva de uma filosofia organizacional humanista, com modificações no âmbito corporativo, implantando métodos gerenciais participativos e promovendo a satisfação dos trabalhadores com eficiência produtiva.

A qualidade de vida no trabalho é entendida como a somatória das ações adotadas por uma empresa e tem como objetivo a promoção de melhorias e inovações de ordem gerencial, tecnológica e estrutural, garantindo o constante desenvolvimento das pessoas e da organização. A concepção norteadora dos programas de qualidade de vida no trabalho deve apresentar-se de forma a entender o contexto de trabalho e os trabalhadores integralmente, com enfoque biopsicossocial (Limongi-França e Arellano, 2002).

O conceito de qualidade de vida no trabalho foi sendo construído de acordo com as concepções próprias de cada período histórico, embasado no entendimento sobre as pessoas, sobre o contexto de trabalho e sobre as organizações. Ele apresenta dois elementos distintos: o primeiro destina-se ao estudo do impacto da tarefa laboral sobre os trabalhadores e sobre a própria organização, ao passo que o segundo contempla o nível de participação dos trabalhadores nas tomadas de decisões e resoluções de problemas (Nadler e Lawlern, 1983).

Para Donaire et al. (2005, p. 2), a qualidade de vida no trabalho está associada ao nível de comprometimento e satisfação dos trabalhadores com a organização, compactuando dos mesmos objetivos. Ademais, existe a defesa de que "é impossível obter do cliente uma taxa de satisfação maior do que as apresentadas pelos funcionários responsáveis pelo produto ou serviço oferecido", ou seja, a insatisfação, a má vontade, o desconforto e outras situações negativas são incorporados ao produto final, prejudicando a imagem da empresa e a satisfação dos consumidores.

No processo histórico evolutivo, várias ciências têm colaborado com a construção dos conceitos e aplicação da qualidade de vida no trabalho. Dentre elas, pode-se destacar como as principais áreas: Saúde, Psicologia, Sociologia, Ergonomia, Ecologia, Economia, Administração de Empresas e Engenharia (Vasconcelos, 2001). Os avanços proporcionados pelos estudos realizados pelas áreas citadas contribuíram para a identificação de duas ramificações dentro da gestão da qualidade de vida no trabalho: a individual e a organizacional. O primeiro se volta para os fatores estressores do ambiente de trabalho, quer dizer, a origem e a consequência das doenças ocupacionais. Já o segundo se preocupa com a qualidade total, enxergando um processo que abriga não apenas os produtos, mas os aspectos comportamentais (Limongi-França e Arellano, 2002).

Para atingir elevados níveis de qualidade e produtividade, as organizações precisam de trabalhadores, engajados e motivados, sendo recompensados de forma justa e satisfatória pelas contribuições prestadas. A competitividade entre as organizações depende de qualidade e produtividade, e esses quesitos passam, obrigatoriamente, pela qualidade de vida no trabalho.

Para Vieira (1996 apud Limongi-França e Arellano, 2002), a qualidade de vida no trabalho é resultado das condições favoráveis de trabalho, embora acredite que os fatores comportamentais, ambientais e organizacionais sejam igualmente importantes para a satisfação dos trabalhadores. O conjunto desses fatores, aliado a uma boa administração, melhora o clima organizacional, além de provocar maior eficiência produtiva na organização, em seu contexto total.

De acordo com Walton (1973), a qualidade de vida no trabalho vincula-se ao equilíbrio entre as condições de trabalho e as demais esferas que constituem a vida do trabalhador, dependendo, também, do papel social desempenhado pela organização e da extrema necessidade de se conciliar produtividade com qualidade de vida. Para o autor, esta decorre dos seguintes fatores: remuneração justa e adequada; utilização e estímulo ao desenvolvimento das capacidades dos trabalhadores; segurança; oportunidade de crescimento; estímulo às interações sociais na empresa; constitucionalismo; relevância social do trabalho.

Já na perspectiva de Hackman e Oldham (1975), a qualidade de vida no trabalho está estritamente vinculada aos aspectos de motivação interna, satisfação com o cargo ou função desempenhada e enriquecimento do cargo. Nesse contexto, a gestão em qualidade de vida no trabalho deve contemplar tais aspectos: necessidade de ascensão do trabalhador, entendimento do significado da sua tarefa no contexto do todo e autonomia.

Sob a ótica corporativa, os programas de qualidade de vida no trabalho têm como principal objetivo o enfrentamento dos problemas cotidianos que se manifestam no ambiente ocupacional e que colocam em risco as condições de saúde dos trabalhadores. Outra fonte de interesse se relaciona à necessidade de redução dos custos operacionais destinados à assistência médica e às indenizações trabalhistas.

Atendendo a interesses e necessidades de trabalhadores e organizações, os mediadores dos programas de qualidade de vida no trabalho devem estipular a humanização das organizações como o grande objetivo, considerando o contexto socioambiental e os próprios trabalhadores. De acordo com Limongi-França e Arellano (2002), para tornar o ambiente ocupacional mais humanizado é fundamental que as pessoas tenham participação efetiva nas tomadas de decisões, dispondo de autonomia e assumindo responsabilidades, o que fará que os trabalhadores passem a se sentir parte do todo e coautores do produto final.

De acordo com Spector (2004 apud Limongi-França e Arellano, 2002), para alcançar bons resultados nesse espaço, algumas características do ambiente laboral, como a carga excessiva de trabalho, a falta de domínio, o conflito de papéis e as limitações organizacionais, devem ser observadas para se minimizar ao máximo seus efeitos nocivos.

A qualidade de vida no trabalho está intimamente ligada à cultura organizacional, fundamentada nos valores, na filosofia e na missão que a empresa propõe, assim como nos processos de gestão participativa. Quando ocorre a identificação e a interligação de objetivos entre empresa-empregado, com perspectivas concretas de crescimento mútuo, a satisfação e o bem-estar tornam-se facilmente perceptíveis.

Para Limongi-França (2010), a atual conjuntura socioeconômica demanda que as organizações invistam em seus ativos intangíveis. A qualidade de vida no trabalho não é resultante apenas de salários acima da média, mas é fortemente influenciada pelo tratamento cordial, humano e gentil, da leveza e satisfação nas relações.

A necessidade de se investir nesses programas de qualidade de vida no trabalho vem surgindo como uma resposta às constantes modificações do contexto organizacional, aceleradas pelo ritmo frenético das inovações tecnológicas, pela redução do ciclo vital dos produtos e pelas constantes mudanças nos processos de produção, aliadas à crescente necessidade de adquirir e ampliar os conhecimentos a fim de acompanhar a grande demanda de informações. Como decorrência, há demanda por profissionais em constante atualização e com múltiplas habilidades, atuando em empresas eficientes e com quadro pessoal reduzido. Surge um novo trabalhador, sobre o qual Ferreira, Alves e Tostes (2009, p. 4) afirmam:

> Do "novo trabalhador" espera-se o desenvolvimento de capacidades para manejar novas ferramentas tecnológicas, lidar com problemas menos estruturados, relacionar-se socialmente (comunicação, negociação, solução de conflitos), trabalhar em equipes, e assumir novas responsabilidades para atuar em ambientes com maior incerteza, papéis pouco definidos e equipamentos altamente sofisticados. Um novo paradigma organizacional vai, paulatinamente, se afirmando: não basta garantir a qualidade final de produtos e serviços; é vital que ela venha acompanhada de qualidade de vida no trabalho, considerando os colaboradores.

Essa nova configuração social e trabalhista se desenrola em um cenário de consolidação de direitos e com valores democráticos (Ferreira, Alves e Tostes, 2009). Diante do exposto, não há dúvidas da relevância social e econômica dos programas de qualidade de vida no trabalho; não obstante, a sua aplicação prática e efetiva não é uma realidade recorrente na maioria das empresas. Discutiremos, a seguir, as dificuldades e os obstáculos para a efetivação desses programas.

3.3.1 Dificuldades e obstáculos

Para Silva e De Marchi (1997), até a década de 1980, qualidade de vida no trabalho era um tema completamente fora da realidade ocupacional. Os autores acreditavam que, a partir desse período, as empresas que não estivessem engajadas com as condições de trabalho de seus funcionários e com programas de qualidade de vida ficariam para trás. Embora essa previsão não tenha se confirmado até os dias atuais, as medidas que objetivam melhorar as condições de qualidade de vida no trabalho se tornaram cada vez mais necessárias.

De acordo com Ferreira, Alves e Tostes (2009), as principais barreiras enfrentadas pelos programas de qualidade de vida no trabalho nas empresas se referem à concepção assistencialista e à ênfase na produtividade. As práticas de gestão em qualidade de vida no trabalho são compostas de atividades de caráter assistencial, atuando como medidas compensatórias dos desgastes provocados pela tarefa e não solucionando os problemas efetivos, os quais comprometem a saúde, o conforto e a segurança dos trabalhadores.

No que concerne à produtividade, a crítica reside nos programas de qualidade de vida no trabalho que preconizam o bem-estar de modo secundário, tendo como meta maior o aumento de produtividade. O grande desafio está em construir os alicerces desses programas com caráter preventivo, focado na eliminação dos efeitos nocivos da tarefa laboral. Nesse sentido, de acordo com Mendes e Ferreira (2004), são necessárias atuações em três dimensões interdependentes: nas condições de trabalho, na estrutura organizacional e nas relações sociais de trabalho.

Com base em nossas vivências ao longo de mais de uma década de experiência com a prática da ginástica laboral, constatamos que muitas barreiras para a implantação e manutenção dos programas de qualidade de vida no trabalho (especialmente a ginástica laboral) são dificuldades impostas por encarregados de setores que impedem ou complicam a participação dos funcionários, alegando que estão com acúmulo de tarefas. Nesse tipo de atitude, podemos perceber que se faz necessário, antes, uma abordagem com chefes e encarregados, algo que poderíamos denominar "conscientização de cima para baixo".

Dependendo dos valores culturais da organização e das pessoas que nela trabalham, também podemos encontrar algumas dificuldades. Nos casos em que existe grande rotatividade de trabalhadores, o chamado *turnover*, torna-se necessário um trabalho constante de conscientização. É preciso reconhecer o limite de cada pessoa e, mais do que cobrar a adesão, fazer que ela compreenda a importância do programa. Muitas vezes, a não participação é uma forma de protesto, de apontar que não bastam medidas paliativas, existindo problemas mais amplos que precisam ser enfrentados.

Em alguns casos, as pessoas que *a priori* se recusaram a participar das atividades propostas – ou que dificultam a participação de seus funcionários –, tornam-se grandes aliadas em uma etapa seguinte, desde que elas sejam ouvidas e envolvidas no processo. Nós, profissionais, precisamos sempre ter em mente que são necessários aliados para que os programas de qualidade de vida no trabalho tenham efetivo sucesso. Para isso, é fundamental conversar com o maior número de pessoas, pedir sugestões, apresentar os objetivos de cada tarefa realizada e as evidências de resultados, elogiar e motivar. Esses elementos, em conjunto, são o combustível que movimenta a engrenagem dos programas.

As dificuldades encontradas para efetivação de qualquer medida são sinalizadores de ajustes necessários, o caminho se constrói no caminhar, mas é importante ressaltar que o envolvimento, o comprometimento e o engajamento de todos são fundamentais para encontrar soluções eficazes. Não é possível lucrar com o sofrimento das pessoas, tampouco achar que os detentores do comando corporativo são os vilões; quando uma empresa não é lucrativa, está fadada à falência e as consequências atingem a todos. Nesse sentido, acreditando que é possível um contexto de trabalho que seja bom para empregados e empregadores, apontamos as perspectivas e desafios dos programas de qualidade de vida no trabalho.

3.3.2 Perspectivas e desafios

Cada vez mais a qualidade de vida no trabalho deixa de ser um diferencial para ser uma exigência de mercado. As recorrentes mudanças na estrutura corporativa e a necessidade de inovar e competir têm obrigado as empresas a pensar novas maneiras de reduzir custos e manter os profissionais motivados e comprometidos. Os caminhos são diversos: a um só tempo existem empresas apostando nas compensações financeiras, enquanto outras vão além, investindo pesado para que o ambiente de trabalho se torne um lugar agradável e descontraído, proporcionando o bem-estar de trabalhadores e clientes, com o intuito de obter boas condições de criatividade, produtividade, satisfação, vendas e, consequentemente, lucro.

Nesse sentido, Ferreira, Alves e Tostes (2009) afirmam que:

> É com base nesse macrocenário sociotécnico de mudanças que se inscreve a necessidade de gestores em repensarem as práticas organizacionais, buscando responder eficientemente às exigências da nova conjuntura. Esse 'novo fazer' pressupõe reestruturar o 'pensar' e o 'saber' que guiam a atuação dos gestores, sobretudo, porque o processo de transformação que ocorre no mundo do trabalho não é neutro para aqueles que o vivenciam.

O movimento transformacional global aponta para uma concepção macro da cadeia produtiva; assim, grande parcela dos consumidores finais tem considerado como fator decisivo para aquisição de produtos a forma como ocorrem os processos de produção. A imagem do produto é tão determinante ou mais que o preço, tornando-se fundamental que ele esteja associado a empresas comprometidas socialmente, engajadas no cuidado ambiental, das pessoas e comunidades envolvidas.

Dentro da perspectiva do contexto de trabalho, algumas medidas são estratégicas para abordagem e operacionalização dos programas de qualidade de vida no trabalho, sendo elas: mudança de mentalidade, indissociabilidade entre produtividade e bem-estar, efetiva valorização e autonomia dos trabalhadores, políticas efetivas de comunicação e participação (Ferreira, Alves e Tostes, 2009).

No que tange à mudança de mentalidade, ela requer uma renovação de valores, crenças e concepções por parte dos protagonistas organizacionais para que os programas de qualidade de vida no trabalho sejam efetivados e, de fato, possam contribuir na melhoria das condições de vida das pessoas. Nós, profissionais e estudiosos da qualidade de vida no trabalho, também exercemos um importante papel para a tão necessária renovação de pensamentos, principalmente na forma de abordagem das propostas. São fundamentais ferramentas e evidências que atendam tanto às necessidades dos trabalhadores como das empresas e, mais importante, é necessário que tais medidas também sejam eficientes mecanismos de gestão e de redução de custos operacionais, possibilitando que produtividade e bem-estar caminhem na mesma trilha e compasso.

Outro grande desafio para profissionais que atuam na qualidade de vida no trabalho, trabalhadores e empresas, consiste em integrar três tópicos centrais: valorização, comunicação e integralidade. As pessoas devem se sentir valorizadas em seu contexto de trabalho, uma vez que estão lá para contribuir e crescer; quando os trabalhadores partilham de um sentimento de exploração, as medidas adotadas, muitas vezes, não se efetivam por falta de adesão. Já a política de comunicação interna da empresa vem complementar o primeiro aspecto, pois para se ter valorização, adesão e comprometimento torna-se necessário ter envolvimento e, para isso, é imprescindível que as pessoas sejam ouvidas.[7] O terceiro aspecto, por fim, aponta para a necessidade do programa de qualidade de vida no trabalho ser transversal, atendendo e atuando em todos os níveis organizacionais, além de estar integrado, implicando "efetivamente no compromisso de dirigentes e gestores, cooperação interdisciplinar de todos os especialistas envolvidos e, sobretudo, parcerias intersetoriais e sindicais" (Ferreira, Alves e Tostes, 2009, p. 16).

Certamente tais ações não podem ser aplicadas isoladamente, nem entendidas como as únicas medidas necessárias para a solução dos problemas ocupacionais. Contudo, são aspectos valiosos para a viabilização, implantação e manutenção dos programas de qualidade de vida no trabalho.

De acordo com Silva e De Marchi (1997), estima-se que as empresas, em especial as de maior porte, enfrentarão sérios problemas no futuro, pois as despesas referentes à assistência médica são cada vez maiores. Existe, inclusive, uma séria tendência de que a linha das despesas ultrapasse a dos lucros, o que prejudicaria consideravelmente a saúde financeira do empreendimento.

Quando as empresas procuram atender a todas as recomendações para garantir um ambiente de trabalho seguro, primando pelo conforto e satisfação

---

7 No capítulo 4, abordaremos mais detalhadamente sobre esta temática com a Teoria das Representações Sociais.

dos trabalhadores, reduzem significativamente a probabilidade de acidentes, incidência de doenças e o risco de indenizações trabalhistas, caso contrário, na ocorrência, o valor final pode ser reduzido.

Porém, para que os programas de qualidade de vida no trabalho, em especial os programas de ginástica laboral, possam demonstrar a sua relevância e parcela de contribuição, os profissionais de Educação Física, responsáveis pela sua execução, precisam apurar qual é o custo mensal da empresa com assistência médica e indenizações trabalhistas. Em um segundo momento, devem identificar as principais causas de adoecimento e o motivo das ações trabalhistas para fazer um levantamento, junto com os trabalhadores e gestores, a fim de saber como esses problemas podem ser atenuados, buscando e aplicando soluções e, então, reavaliando o contexto. Os novos dados devem ser comparados aos números iniciais e apresentados à empresa como uma forma efetiva de comprovação dos resultados do programa de ginástica laboral e a sua contribuição na redução de custos e na melhora das condições de qualidade de vida no trabalho.

O programa de qualidade de vida no trabalho, com base na ginástica laboral, que abordaremos com maior profundidade nos capítulos 6 e 7, vai muito além das sessões de alongamentos. Se quisermos ter resultados consistentes, a visão tem de ser ampla. Para isso, torna-se fundamental adotar práticas que incluam a participação de todas as pessoas envolvidas, o que faz que a aplicação das práticas que envolvem as Representações Sociais ganhem importância na tarefa de obter bons resultados e humanização do ambiente ocupacional.

CAPÍTULO 4

REPRESENTAÇÃO SOCIAL

Fabiane Maria Zat
Angela Elizabeth Lapa Coêlho

"Não sei se a vida é curta ou longa demais pra nós, mas sei que nada do que vivemos, tem sentido se não tocarmos o coração das pessoas".
(Cora Coralina)

4.1 Origem e definição

De acordo com Queiroz (2003), Émile Durkheim (1858-1917) foi a primeira pessoa a empregar o termo Representações Coletivas, no ano de 1957, em sua obra *As formas elementares da vida religiosa*. Também estudou, ao lado de outros autores, como Marcel Mauss, várias sociedades primitivas, observando em profundidade a relação do pensamento com a lógica social. O conceito de representação coletiva, então, já era entendido como:

> um conjunto de ideias, saberes e sentidos provenientes da estrutura social mais ampla, que os indivíduos incorporam, combinam e representam com a função de promover a cooperação. O conjunto das representações individuais nunca chegaria à essência das representações coletivas que, além de serem independentes e autônomas, transcendem qualitativamente às primeiras (Queiroz, 2003, p. 28).

Durkheim afirmava que o ser humano pensa, percebe e sente o mundo em que vive a partir dos mecanismos de organização da realidade que o cercam, o que consiste em dizer que a realidade externa (ou social) influencia a pessoa (Queiroz, 2003).

Os estudos relacionados às representações coletivas que Durkheim realizou representaram grande avanço para a sociologia, pois reconheciam, já naquela época, a complexidade que envolve o fenômeno social. Eles também serviriam de base para Moscovici, que, em 1961, na França, deu origem à Teoria das Representações Sociais, constitutiva da obra *Representação Social da Psicanálise* (Espírito Santo, 2005).

Inserida no campo da Psicologia Social, a Teoria das Representações Sociais busca compreender como se dá a construção do conhecimento no contexto social. As representações sociais são instâncias privilegiadas no processo de investigação científica, pois apresentam em seu contexto elementos do pensar social, buscando, no cenário do senso comum, da dinâmica e da diversidade do pensamento, mecanismos para compreender a relação indivíduo e sociedade (Moscovici, 2003).

Para Jodelet (1985 apud Spink, 1993), as representações sociais são formas de entendimento do conhecimento prático, dirigidas à comunicação e à compreensão do cenário social no qual estamos inseridos. Essas formas de conhecimento manifestam-se de diversas maneiras, como por meio da fala, das atitudes, das imagens, dos conceitos, das teorias, da cultura e da arte. São socialmente construídas e compartilhadas, criam uma realidade comum e, portanto, são consideradas fenômenos sociais, indo muito além das construções cognitivas, visto que perpassam o afeto, a ação e as formas de comunicação nas quais circulam.

Outra maneira de se definir as representações sociais é compreendê-las como conhecimento construído, elaborado e partilhado socialmente. Nesse caso, infere-se a existência de uma visão prática que contribuiu para lapidar uma realidade que é comum a um determinado conjunto social. Assim sendo, elas são construídas do coletivo e para o coletivo (Spink e Frezza, 2004).

Segundo Guareschi (2007, p. 30), o objetivo das teorias das representações sociais está voltado para a análise de como se formam os conhecimentos, "(...) como pensamos, com que pensamos, a partir do que pensamos". As representações sociais devem ser compreendidas como uma construção simbólica do mundo. Outra característica a ser ressaltada é a de que elas são próprias de cada lugar, de cada pessoa, oriundas do senso comum, o que, se não desmerece a sua complexidade, a acentua.

Para Spink (1993), as representações sociais, como já vimos, são conhecimentos práticos constituídos a partir das relações sociais. No entanto, não se pode negar que elas trazem, em suas construções, resquícios de crenças e saberes históricos. Como afirma Guareschi (2007, p. 33):

> Inseridas na história e na cultura, as representações sociais se manifestam nos discursos públicos e no pensar social sobre fenômenos, que tocam de maneiras

fundamentais as realidades sociais, como a realidade política, ecológica ou ligada à saúde.

Minayo (1995) alerta que se deve prestar muita atenção na construção dessas representações, pois elas exigem, necessariamente, uma reformulação de alguns paradigmas até então estabelecidos, relacionados a trajetórias ideológicas e ético-culturais. Logo, as representações sociais não devem ser estudadas de forma fracionada, estando interligadas, conforme sugerido por Rosseti-Ferreira, Amorim e Silva (2004), que falam em uma teia de sentidos amarrados, relacionada com o individual e o coletivo. De acordo com Jodelet (1989 apud Spink, 1993, p. 304):

> as representações sociais devem ser estudadas articulando elementos afetivos, mentais, sociais, integrando a cognição, a linguagem e a comunicação às relações sociais que afetam as representações sociais e à realidade material, social e ideativa sobre a qual elas intervêm.

O grande desafio é entrar nessa complexidade de representações sociais para buscar compreender o sentido dado pelos trabalhadores à saúde e à doença, como um reflexo das representações do contexto social no qual estão inseridos e atuando. O papel da Teoria das Representações Sociais consiste em validar o conhecimento produzido no senso comum como científico. "O vasto campo do senso comum, das ciências populares, permite-nos agarrar essas representações ao vivo, compreender como são geradas, comunicadas e colocadas em ação na vida cotidiana" (Guareschi, 2007, p. 35). Assim como o sonho pode servir de instrumento para compreender o inconsciente, as representações sociais servem de elemento para apreender o cotidiano e o agir das pessoas, efetivando a construção do real.

De acordo com Guareschi (2007), as representações sociais apresentam dois sentidos complementares. No primeiro, elas constituem teorias construídas com base no conhecimento compartilhado socialmente, a partir das relações cotidianas. No segundo, as representações sociais estão interessadas em estudar e explicar, por meio do discurso público e cotidiano, os diferentes fenômenos sociais que ocorrem nos diferentes contextos. Um fator que influencia de forma ampla o contexto social são as condições de saúde e doença da população. Assim, para que se apresentem medidas efetivas de melhoramento no campo da saúde, torna-se necessário compreender a forma como os sujeitos sociais entendem as representações de saúde e de doença.

4.2 Representação social de saúde e doença

De acordo com Sevalho (1993), a representação de saúde e doença sempre esteve pautada pela inter-relação dos corpos com as demais coisas que os cercavam, podendo derivar de elementos naturais ou sobrenaturais. Os povos primitivos associavam os aspectos referentes à saúde e doença a fenômenos sobrenaturais e à magia. No decorrer da História, a representação esteve relacionada à religião, sendo a saúde refém da vontade divina, e a doença uma forma de punição, maldição ou castigo. Foi só durante os séculos XIX e XX, com o surgimento da clínica médica e o desenvolvimento da microbiologia, que aspectos biológicos também passaram a fazer parte da representação de saúde e doença.

Para Enumo (2003), as representações sociais de saúde e doença refletem o modo como as pessoas entendem esse processo; essa compreensão deve ir além das narrativas de uma pessoa, abrangendo o contexto social, os substratos políticos, econômicos e culturais, além do reconhecimento e da valorização do senso comum. Dessa forma, programas de intervenção podem ser desenvolvidos e terão maior chance de adesão às práticas preventivas, melhorando, ainda, a comunicação entre os profissionais de saúde e os usuários.

Entender as representações de saúde e de doença pode ser um meio para se chegar à origem de como se adoece. Para Sato (1996), tradicionalmente, as medidas de conhecimento das situações de saúde têm estado desvinculadas daquelas que visam combater os agravos e as condições que a geram, seja por razões técnicas ou políticas. Verifica-se que, quando isso ocorre, os esforços não estão voltados para a promoção da saúde ou da prevenção da doença, mas para as formas de tratamento.

Uma das principais opções para representar o estado de saúde ou de doença se dá por meio dos sintomas. Para muitas pessoas, estar doente é quando se está impossibilitado de exercer suas funções devido ao agravo deles, "(...) contudo, nem todas as doenças provocam sensações de mal-estar. Existem estados patológicos que não despertam sensações e que, muitas vezes, as pessoas não têm consciência deles (...)" (Serpa, 2007, p. 56), podendo gerar um agravo patológico, além de dificuldade no diagnóstico e no tratamento.

Boltanski (2004), em seu estudo sobre as Classes Sociais e o Corpo, discute que para as classes sociais mais baixas, a doença só é percebida quando a pessoa se sente incapaz de exercer suas funções sociais, estando, entre as mais importantes, o trabalho. Já a saúde está atrelada ao cumprimento das tarefas cotidianas, entendidas pela pessoa como obrigatórias. Nessa percepção, a saúde está dissociada da pessoa e relacionada ao contexto social, por meio da capacidade de executar tarefas. Nas camadas sociais mais elevadas, o entendimento de saúde está vinculado às sensações e aos sintomas apresentados pela pessoa.

Todas as pessoas produzem representações de tudo o que vivenciam, principalmente quando de situações de adoecimento. Tem-se, então, a necessidade de construir o próprio entendimento da doença, como parte do processo de aceitação. Para Boltanski (2004), muitas vezes o paciente, incapaz de reproduzir o discurso do médico, constrói o próprio discurso que, embora baseado nas palavras daquele, gera desencontros. Não sendo partilhado um discurso elaborado pelo próprio paciente, as medidas de promoção, prevenção, tratamento e cura são prejudicadas. É imprescindível que se crie uma sintonia entre o pensar dos profissionais de saúde e a representação do usuário.

Existiram e existem, ao longo das épocas, inúmeras teorias que tentam compreender e explicar o processo saúde-doença e sua representação social. Fonseca (1997) discute que basicamente essas teorias estão divididas em três: a Teoria da Unicausalidade, a Teoria da Multicausalidade e a Teoria da Determinação Social do Processo Saúde-Doença.

Na Teoria da Unicausalidade, a representação do processo saúde-doença se dá a partir de uma única causa, externa ao organismo da pessoa, ou seja, nessas circunstâncias, a pessoa não tinha controle sobre a saúde ou a doença, pois era vítima de forças sobrenaturais que agiam no seu corpo.

Com a evolução das forças produtivas e da ciência, ocorreram mudanças nas causas atribuídas ao processo de adoecimento, principalmente na era bacteriológica. Com as doenças transmissíveis, a causalidade é consequência de micro-organismos e, portanto, associa-se ao funcionamento biológico e físico-químico. A representação social da causa do adoecimento está vinculada ao corpo, independente dos aspectos externos.

A Teoria da Unicausalidade foi perdendo espaço quando os problemas de organização social passaram a atrair a atenção para as condições de saúde das pessoas, dando origem à Teoria da Multicasualidade, que surge no final do século XIX e se consolida no século XX. Nessa proposta, o processo saúde-doença possui várias causas, relacionadas tanto aos aspectos sociais como aos fatores psicobiológicos da pessoa, defendendo a ideia de que a representação social de saúde ou doença é constituída interna e externamente.

Ainda assim, as Teorias Unicausal e Multicausal não conseguem justificar o surgimento da doença, evoluindo para uma nova teoria, a da Determinação Social do Processo Saúde-Doença. Nela, a causa do adoecimento deve ser buscada no contexto social, nas formas de organização e construção da vida social, entendendo a saúde e a doença como expressões desse processo, em que cada classe social cria seus próprios padrões de saúde e doença, seja pelas condições negativas (infraestrutura, saneamento, alimentação, fatores econômicos, segurança etc.) ou positivas (possibilidade de sobrevivência por meio dos recursos oferecidos) (Boltanski, 2004).

É nesse sentido, de entender as representações atribuídas à saúde e à doença no trabalho, que esta pesquisa foi realizada. Acreditamos que esse é um caminho viável e possível para elaborar e sugerir programas de intervenção como a ginástica laboral e a ergonomia e se obter maior adesão por parte dos trabalhadores.

4.3 Aplicação da Teoria das Representações Sociais à ginástica laboral e à ergonomia

A ginástica laboral e as intervenções ergonômicas são implantadas nas organizações com o principal intuito de amenizar os efeitos nocivos provocados pela tarefa ocupacional, adequar os postos de trabalho, proporcionando mais segurança e conforto, e promover melhoras nas condições gerais de saúde das pessoas.

Independentemente de estar no processo de implantação ou manutenção de um Programa de Ginástica Laboral (PGL), ou quando realizar uma orientação ou avaliação ergonômica, o profissional responsável deve manter uma relação de comprometimento, respeito e postura ética com os trabalhadores e empresários. Outras funções consistem em aproximar-se ao máximo da realidade das pessoas, pedir informações sobre a tarefa executada e sugestões do que pode ser modificado/melhorado. A contribuição dos trabalhadores é fundamental tanto para encontrar soluções eficazes, embasadas nas suas vivências com a tarefa ocupacional, como para envolver/comprometer os trabalhadores no processo de adequação ergonômica e nas medidas adotadas na prática da ginástica laboral. Nossa intervenção profissional deve ser de excelência, garantindo melhoras significativas em todo ambiente ocupacional.

As sessões de ginástica laboral são momentos de interação social entre os trabalhadores, ocasiões oportunas para promover a conscientização. Nesse sentido, ouvi-los é de fundamental relevância: precisamos saber o que pensam, pois o pensamento rege a ação e, se de fato quisermos promover conscientização, precisamos ampliar o pensar para melhorarmos as atitudes.

Fazendo um paralelo do contexto social com o meio ocupacional, pode-se dizer que as pessoas criam uma atmosfera comum e própria no seu local de trabalho, manifestada por meio de gírias, brincadeiras, formas de falar e de agir, tornando-se, muitas vezes, peculiar a um grupo de pessoas que divide o mesmo espaço ocupacional. Guareschi (2007) diz que o ser humano é um ser dialético, que vai se construindo à medida que vive, influenciando e sendo influenciado pelo contexto social em que se insere.

Nesse sentido, a ginástica laboral e as intervenções ergonômicas, entre outras medidas que podem ser adotadas pela empresa, devem ser conduzidas no sentido de ampliar a forma de pensar, com um profundo trabalho de conscientização para servir de base às mudanças de atitude. Ou seja, primeiramente ampliar o pensar para, depois, modificar o agir. Segundo Queiroz (2003), o pensamento e as ações das pessoas sofrem influências da realidade externa ou social – o que coloca os elementos filosóficos e culturais do ambiente ocupacional como aspectos influenciadores da ação humana.

Para Zat e Coêlho (2008), as atitudes das pessoas se relacionam às representações sociais dos grupos aos quais pertencem. Dessa forma, as ações dos trabalhadores quanto à adesão dos programas de ginástica laboral, as orientações ergonômicas, as medidas de segurança, de promoção da saúde, de prevenção das doenças, entre outras, são norteadas pela sua forma de entender e de se relacionar com essas temáticas. Se a relação for de comprometimento, a ação será de adesão, assim como o contrário também é verdadeiro. Mais uma vez, destaca-se a relevância de se realizar um estudo das representações sociais para nortear as medidas educativas e de conscientização para que estas sejam compatíveis com a realidade e com as necessidades dos trabalhadores.

As representações sociais, ou simplesmente a concepção das pessoas em relação ao contexto que as cerca, em particular o cenário ocupacional, são elementos cruciais em um trabalho que pretende oferecer melhoria das condições de trabalho. Os dois próximos capítulos irão abordar a temática central deste livro, a gestão em ergonomia e em ginástica laboral, respectivamente.

CAPÍTULO 5

GESTÃO EM ERGONOMIA

Fabiane Maria Zat

"Não há palavras nem frases que possam manter-nos seguros, há somente ações".
(Autor desconhecido)

Neste capítulo, apresentaremos os aspectos conceituais e históricos da ergonomia, assim como sua norma regulamentadora (NR-17), os principais tipos e domínios ergonômicos, os fatores ambientais, os equipamentos de proteção individual e coletiva e sugestão de parâmetros para as adequações ergonômicas.

5.1 Aspectos históricos e conceituais da ergonomia

A ergonomia surge em 1950, em países socialmente mais desenvolvidos e industrializados. Vale ressaltar que, até 1960, as fábricas e os postos de trabalho eram constituídos sem qualquer reflexão sobre o ser humano que ali trabalhava. Na atualidade, ainda existem muitos fabricantes de equipamentos que desconsideram as características do ser humano e acabam construindo aparelhos inadequados aos trabalhadores. O termo ergonomia advém da junção de duas palavras gregas, *Ergos* e *Nomos*; a primeira significa trabalho e, a segunda, leis, normas e regras. Ou seja, ergonomia se refere às leis do trabalho, bem como ao planejamento e adequação do ambiente ocupacional, com o intuito de oferecer segurança e conforto aos trabalhadores (Nascimento e Moraes, 2000).

De acordo com Couto (2002), a ergonomia pode ser definida como o trabalho interprofissional que, baseado em um conjunto de ciências e tecnologias, procura o ajuste entre o ser humano e o seu ambiente de trabalho, de forma confortável e produtiva. Não existe uma categoria profissional capaz de dar uma solução ergonômica completa, de maneira que profissionais de diferentes áreas são observados atuando em projetos comuns.

Para Iida (1993), a ergonomia é o estudo da adaptação do trabalho à pessoa. Nessa definição, o trabalho tem uma acepção bastante ampla, abrangendo não apenas as atividades que envolvem máquinas e equipamentos utilizados para transformar os materiais, mas toda a situação que envolve o relacionamento físico e os aspectos organizacionais de como esse trabalho é desenvolvido e controlado para produzir os resultados desejados. De acordo com o autor, ergonomia é o estudo do relacionamento entre a pessoa e o seu trabalho, equipamento e ambiente e, particularmente, a aplicação dos conhecimentos de Anatomia, Fisiologia e Psicologia na solução dos problemas surgidos desse relacionamento.

De acordo com a Associação Brasileira de Ergonomia (2011, p. 1), para a *International Ergonomics Association,* a ergonomia é definida como:

> uma disciplina científica relacionada ao entendimento das interações entre os seres humanos e outros elementos ou sistemas, e à aplicação de teorias, princípios, dados e métodos a projetos a fim de otimizar o bem-estar humano e o desempenho global do sistema. Os ergonomistas contribuem para o planejamento, projeto e a avaliação de tarefas, postos de trabalho, produtos, ambientes e sistemas de modo a torná-los compatíveis com as necessidades, habilidades e limitações das pessoas.

Já segundo as concepções defendidas por Rio e Pires (2001), a ergonomia condiz com o trabalho bem feito, principalmente por dispor de boas condições para executá-lo. Para tanto, é fundamental compreender não só a eliminação de obstáculos que dificultem a eficiência do trabalho, mas também entender os meios que ajudam a executá-lo. A ergonomia pode considerar-se peça chave nesse contexto.

Ela tem como principal finalidade adequar sistemas de trabalho às características das pessoas que nele operam. Nos projetos de sistemas de produção, a ergonomia faz convergir os aspectos de segurança, desempenho e de qualidade de vida através da sua metodologia específica, a Análise Ergonômica do Trabalho (AET). A AET é um modelo metodológico de intervenção que possibilita a compreensão dos determinantes das situações de trabalho. Remete-nos, ainda, à inseparabilidade entre conhecer a realidade do produto sobre a ação para transformá-lo corretamente, ou seja, entender o trabalho para adequá-lo.

Segundo Wisner (2004, p. 9), "(...) o trabalho não é pura execução, mas construção permanente de problemas devido à grande variabilidade do funcionamento dos sistemas e ao surgimento de novas situações", por isso há necessidade constante de adequações da tarefa laboral. Além das características peculiares desta, deve-se considerar o estado funcional e comportamental do trabalhador, como sono, fadiga, dores, estado emocional etc.

Para Kroemer e Grandjean (2005), a ergonomia auxilia na melhoria das condições de saúde dos trabalhadores – pois intervém na redução de movimentos repetitivos –, na melhoria das posturas adotadas na realização das tarefas e na adequação às condições visuais, de temperatura, de ruído e de vibração. Também se preocupa com a organização da rotina de trabalho para amenizar os efeitos psicológicos por ela provocados.

A ergonomia ainda abarca questões relacionadas a condições antropométricas dos postos de trabalho, intensidade e tempo da jornada de trabalho, condições ambientais (luminosidade, ventilação, ruídos, temperatura), estresse, monotonia etc. A sua visão do universo que envolve o trabalho e o trabalhador, portanto, mostra-se abrangente (Kroemer e Grandjean, 2005). Ela pode intervir tanto na concepção de produtos, equipamentos e ambientes como na sua respectiva atuação ou conhecimento para eficácia do uso.

5.2 Tipos de ergonomia

Segundo a Associação Brasileira de Ergonomia (2011), a ergonomia, nas suas mais diversas formas de intervenção, está pautada em três domínios: físico, cognitivo e organizacional. O físico está relacionado às características antropométricas, fisiológicas, anatômicas e biomecânicas das atividades físicas desempenhadas pelos trabalhadores no cumprimento de suas tarefas laborativas. Os trabalhos realizados nessa área incluem estudos relacionados à postura, movimentos repetitivos, distúrbios musculoesqueléticos etc.

O segundo domínio de especialização da ergonomia, o cognitivo, refere-se aos processos mentais, ou seja, tomada de decisões, raciocínio, respostas motoras, informações visuais, sonoras, sensoriais e outros elementos ou sistemas. Os estudos, aqui, envolvem análises para investigar a carga mental provocada pela tarefa de trabalho, assim como as interações entre pessoa-máquina e os níveis de estresse. Para aplicar a ergonomia cognitiva, é preciso a realização de treinamentos que capacitem os trabalhadores para um melhor desempenho das atividades que exigem relação com programas ou sistemas mecânicos.

Já o terceiro domínio refere-se à organização do trabalho, descrição e definição de tarefas, funções, horários, ritmo e estrutura do contexto de trabalho. Nesse tópico, inclui-se a comunicação, o projeto de trabalho, o trabalho em grupo, o projeto participativo, o trabalho cooperativo, a cultura organizacional, a organização em rede, a gestão participativa, além de outros aspectos que se enquadram no domínio da ergonomia organizacional.

De acordo com a Associação Brasileira de Ergonomia (2011), a ergonomia é classificada com base no momento do processo em que ela é utilizada e de acordo com a sua finalidade. Dentre os vários tipos de ergonomia, iremos discutir os mais relevantes a partir das características deste estudo. São eles: Ergonomia de Concepção, Ergonomia de Correção e Ergonomia de Conscientização.

A Ergonomia de Concepção é a que se utiliza quando da criação de um projeto, objeto, equipamento ou ambiente. Esse é o momento mais adequado para se desenvolver um projeto/produto adequado às características e necessidades de seus usuários, embora seja necessário maior conhecimento do profissional, pois requer prever uma situação ainda hipotética. É considerada uma ergonomia preventiva, sendo muito eficaz e apresentando boa relação de custo e benefício.

A Ergonomia de Correção ocorre quando se realiza a intervenção ou adequação de um equipamento, produto ou estação de trabalho já existente, buscando corrigir anomalias que interferem nas condições de conforto e segurança laborais. Como resultado, tem-se o aumento da produtividade. Embora já tenhamos falado sobre a importância de envolver o trabalhador no processo de avaliação e adequação (macroergonomia), esta ação faz-se indispensável neste tipo de ergonomia, uma vez que ele lida com situações reais de trabalho. Do ergonomista é exigido muito conhecimento e experiência para realizar as adaptações e adequações, apresentando soluções criativas e economicamente viáveis.

A Ergonomia de Conscientização, por fim, é considerada uma etapa complementar às demais, pois sensibiliza os trabalhadores/usuários, por meio de treinamentos e capacitações periódicas, para a utilização correta dos recursos oferecidos pela organização para a realização das tarefas de trabalho. A aplicação da Ergonomia de Conscientização é indispensável, embora em muitas situações ela não seja aplicada. Não basta introduzir um ambiente de trabalho com recursos ergonômicos se os trabalhadores não souberem aproveitá-los em suas necessidades e características físicas.

5.3 Norma Regulamentadora e legislações trabalhistas do Ministério do Trabalho e Emprego

No Brasil, a ergonomia tem obrigatoriedade legal, na forma de Norma Regulamentadora (NR) do Ministério do Trabalho. A Norma Regulamentadora da Ergonomia (NR-17) está em vigor desde 1978 e tem como objetivo estabelecer parâmetros que possibilitem adaptar as condições ocupacionais às características psicofisiológicas das pessoas, garantindo assim o máximo de conforto, segurança e desempenho (Brasil, 2011).

5.4 Análise ergonômica do trabalho

De acordo com a legislação brasileira, consta na Norma Regulamentadora 17 que, para avaliar a adaptação das condições de trabalho às características psicofisiológicas dos trabalhadores, é preciso realizar uma Análise Ergonômica do Trabalho (AET) que aborde, no mínimo, as condições de trabalho, aqui entendidas como aspectos relacionados ao levantamento, transporte e descarga de materiais, ao mobiliário, aos equipamentos e às situações ambientais e organizacionais do posto de trabalho.

5.4.1 Levantamento, transporte e descarga de materiais

É considerado transporte manual de cargas quando o peso da carga é sustentado - levantado e deposto - inteiramente por um só trabalhador (Brasil, 2011). Para Kroemer e Grandjean (2005), o manuseio manual de cargas envolve grande esforço estático e dinâmico, favorecendo o surgimento de lesões, especialmente na coluna vertebral. Esse tipo de trabalho, enquadrado na categoria de trabalhos pesados, deve ser substituído, sempre que possível, pelo trabalho mecânico.

5.4.2 Mobiliário

O mobiliário oferecido aos trabalhadores deve estar ajustado às características antropométricas, preferencialmente sendo passível de ajuste, de acordo com os diferentes biótipos. Sempre que possível, o trabalho deve ser desenvolvido na posição sentada, porém, independentemente da postura sentada ou em pé, o posto de trabalho deve oferecer boas condições de visualização e operação (Brasil, 2011). Na maioria dos casos, os problemas podem ser evitados com a melhoria dos postos de trabalho e dos equipamentos em uso.

5.4.3 Equipamentos

Todos os equipamentos disponíveis para a execução de uma determinada tarefa também devem estar de acordo com as características psicofisiológicas dos trabalhadores e com a natureza do trabalho a ser executado, para poder facilitar a execução da tarefa específica (Brasil, 2011). Assim como os equipamentos utilitários devem proporcionar segurança e conforto ao trabalhador, existe uma categoria de equipamentos que são destinados não à execução das tarefas, mas exclusivamente à proteção coletiva e individual da saúde e segurança dos trabalhadores.

5.4.3.1 Equipamentos de Proteção Coletiva (EPC)

Os Equipamentos de Proteção Coletiva (EPC) são aqueles que neutralizam a fonte do risco no lugar em que ele se manifesta – em muitos casos, dispensando o trabalhador do uso de equipamento de proteção individual. Devem ser construídos com materiais de qualidade e instalados nos locais necessários tão logo se detecte o risco.

No Quadro 5.1, tem-se uma descrição dos principais equipamentos de proteção coletiva, detalhando sua finalidade de acordo com o risco apresentado.

Quadro 5.1 – Descrição da finalidade, do risco e indicação dos principais EPCs

Finalidade	Risco	EPC indicado	Imagem
Proteger trabalhadores quanto à queda de objetos.	Queda de objetos.	Tela de proteção.	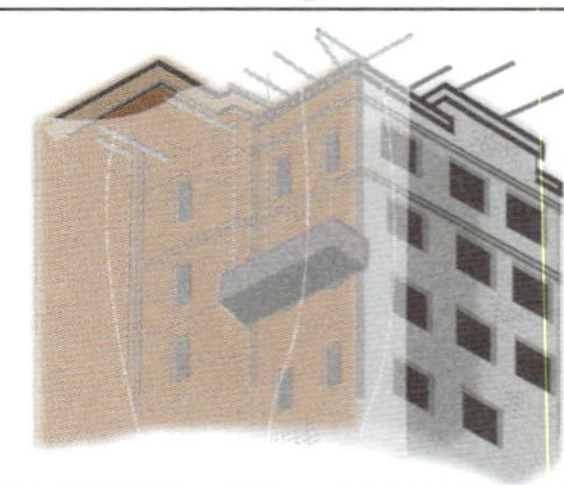
Regular a temperatura do ambiente.	Exposição ao calor ou ao frio excessivos.	Ar-condicionado.	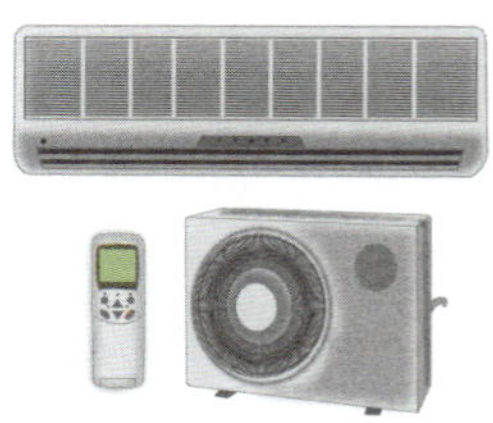
Sinalizar, orientar e alertar quanto a situações atípicas.	Acidentes.	Sinalizadores.	

Continua

Continuação

Finalidade	Risco	EPC indicado	Imagem
Amenizar a incidência de ruído.	Exposição excessiva a fontes de ruído.	Revestimento acústico.	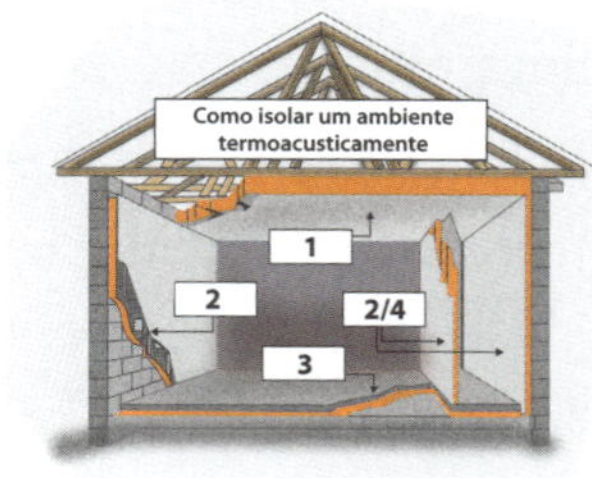
Oferecer maior segurança e evitar quedas ao subir ou descer escadas.	Quedas.	Corrimão e material antiderrapante.	
Combater incêndios.	Incêndio.	Extintor.	

Quando os equipamentos de proteção coletiva não forem suficientes para minimizar/mitigar os efeitos nocivos do ambiente de trabalho, deve-se adotar o uso dos equipamentos de proteção individual.

5.4.3.2 Equipamento de Proteção Individual (EPI)

É considerado um Equipamento de Proteção Individual (EPI) todo dispositivo ou produto de uso individual utilizado pelo trabalhador, destinado à proteção de riscos à segurança e à saúde no trabalho. Os equipamentos podem ser postos à venda ou utilizados se possuírem o Certificado de Aprovação (CA), expedido pelo Ministério do Trabalho e Emprego (Brasil, 2011).

Os equipamentos de proteção são regulamentados pela Norma Regulamentadora número 6. É necessário que empregados e empregadores cumpram as seguintes recomendações (Couto, 2002):

Empregadores:

- Adquirir e fornecer gratuitamente o EPI adequado ao risco de cada atividade.
- Exigir o uso dos EPIs.
- Orientar e treinar o trabalhador sobre o uso adequado e a conservação do equipamento.
- Substituir imediatamente, quando danificados ou extraviados.
- Realizar higienização e manutenção periódicas.

Empregados:

- Usar o EPI somente para a finalidade para a qual se destina.
- Responsabilizar-se pela guarda e conservação do equipamento.
- Comunicar ao empregador qualquer alteração que o torne impróprio para uso.
- Cumprir as determinações do empregador sobre o uso adequado.

Para que haja conscientização quanto à obrigatoriedade do uso dos equipamentos de proteção e da sua significativa relevância na prevenção de acidentes e minimização dos efeitos nocivos das tarefas de trabalho, os trabalhadores devem receber treinamento admissional e periódico. Esses treinamentos devem abordar, principalmente, as condições e o meio ambiente de trabalho, os riscos inerentes à sua função e o uso adequado dos EPIs.

O Quadro 5.2 apresenta os principais Equipamentos de Proteção Individual, com a finalidade de uso e os riscos suscetíveis.

Quadro 5.2 – Descrição da finalidade, do risco e indicação dos principais EPIs

Finalidade	Risco	EPI indicado	Imagem
Proteção para crânio.	Impactos, perfurações, choque elétrico e cabelos arrancados.	Capacete de segurança.	
Proteção visual e facial.	Impactos de partículas sólidas quentes ou frias, de substâncias nocivas (poeiras, líquidos, vapores e gases irritantes) ou de radiações (infravermelho, ultravioleta e calor).	Óculos de segurança (para soldadores, torneiros, esmeriladores, operadores de politriz e outros). Protetores faciais (contra a ação de borrifos, impacto e calor radiante). Máscaras e escudos para soldadores.	  
Proteção respiratória.	Deficiência de oxigênio, contaminantes tóxicos (gasosos e partículas).	Respiradores com filtro mecânico (oferecem proteção contra partículas suspensas no ar, incluindo poeiras, neblinas, vapores metálicos e fumos). Respiradores com filtros químicos (dão proteção contra concentrações leves, até 0,2% por volume, de certos gases ácidos e alcalinos, de vapores orgânicos e vapores de mercúrio). Respiradores com filtros combinados (são usados em trabalhos tais como pintura à pistola e aplicação de inseticidas).	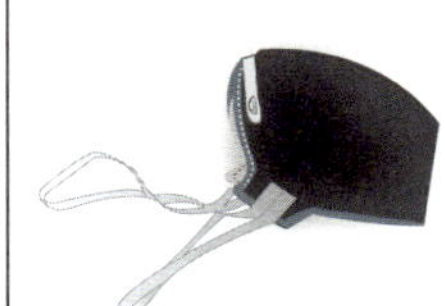 

Continua

Continuação

Finalidade	Risco	EPI indicado	Imagem
Proteção auricular.	O ruído é um elemento de ataque individual que se acumula, produzindo efeitos psicológicos e, posteriormente, fisiológicos, na sua maioria irreversíveis. Por isso, quando a intensidade de ruído pode ser prejudicial, deve-se fazer o possível para eliminá-lo ou reduzi-lo por meio de um controle da fonte ou do meio. Quando todos os métodos de controle falharem, o último dos recursos é dotar o indivíduo exposto de um equipamento de proteção auricular.	Protetores de inserção que podem ser descartáveis ou não descartáveis (ambos moldados ou moldáveis). Protetores externos (circum-auriculares), também conhecidos como orelheiras ou tipo concha.	 
Proteção de tronco.	Projeção de partículas; golpes ligeiros; calor radiante, chamas; respingos de ácidos, abrasão; substâncias que penetram na pele, umidade excessiva.	Aventais de couro – vaqueta e raspa (para trabalhos de soldagem elétrica, oxiacetilênica e corte a quente; também são indicados para o manuseio de chapas com rebarbas). Aventais de PVC (para trabalhos pesados, nos quais haja manuseio de peças úmidas ou risco de respingos de produtos químicos). Aventais de amianto (para trabalhos nos quais o calor é excessivo). Jaquetas (para trabalhos de soldagem – em particular, soldagens em altas temperaturas: trabalhos em fornos, combate a incêndios).	   

Continua

Continuação

Finalidade	Risco	EPI indicado	Imagem
Proteção dos membros superiores.	Golpes, cortes, abrasão, substâncias químicas, choques elétricos, radiações ionizantes.	Luvas de couro – vaqueta e raspa (para serviços gerais de fundição, cerâmicas e funilarias, usinagem mecânica, montagem de motores, usinagem a frio, manuseio de materiais quentes (até 60 °C), carga e descarga de materiais, manuseio e transporte de chapas). Luvas de borracha (para eletricistas e para trabalho com produtos químicos em geral, exceto solventes e óleos, serviços de galvanoplastia, serviços úmidos em geral). Luvas de neoprene (empregadas em serviços que envolvem uso de óleo, graxas, gorduras, solventes, petróleo e derivados, inspeções em tanques contendo ácidos, serviços de galvanoplastia). Luvas de PVC (para trabalhos com líquidos ou produtos químicos que exijam melhor aderência no manuseio, lavagem de peças em corrosivos, manuseio de ácidos, óleos e graxas/gorduras, serviços de galvanoplastia). Luvas de hexanol (empregadas em serviço com solventes, manuseio de peças molhadas – hexanol – corrugado, em serviços que envolvem uso do petróleo e derivados). Luvas de tecidos (de lona, de lona flanelada, de grafatex, de feltro, de lã, de amianto). Luvas de malha metálica (empregadas em serviços os quais requerem o uso de utensílios de corte).	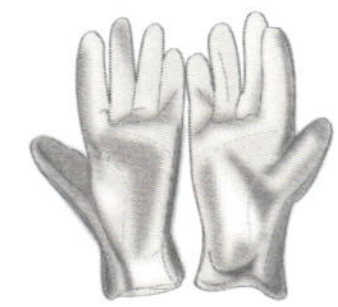   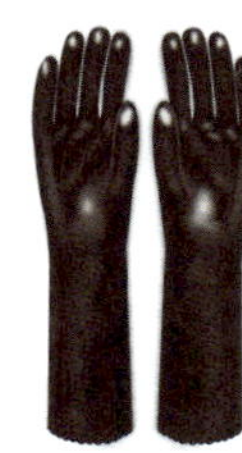   

Continua

Continuação

Finalidade	Risco	EPI indicado	Imagem
Proteção dos membros inferiores.	Cortes por superfícies cortantes e abrasivas, substâncias químicas, cinzas quentes, frio, gelo, perigos elétricos, impacto de objetos pesados, superfícies quentes, umidade.	Sapatos (com biqueira de aço; condutores; antifagulhas; isolantes; para fundição). Botas de borracha (e outros materiais similares). Perneiras (de raspa de couro, são usadas pelos soldadores e fundidores, sendo que as mais longas são utilizadas em trabalhos com produtos químicos, líquidos ou corrosivos).	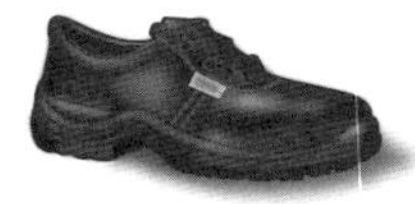  

É recomendado substituir, quando possível, o uso de equipamentos de proteção individual por equipamentos de proteção coletiva.

5.4.4 Fatores ambientais

Por fatores ambientais podemos entender todas as características do ambiente que interferem na segurança e no conforto dos trabalhadores em seu local de trabalho. Para Iida (1993), as condições ambientais desfavoráveis são uma grande fonte de tensão e desconforto, além de aumentarem o risco de acidentes e danos à saúde.

O custo com melhorias das condições ambientais de trabalho é um investimento altamente rentável, pois aumenta a produtividade ao mesmo tempo que reduz a incidência de acidentes, doenças ocupacionais e taxas de absenteísmo, além de propiciar a melhora do relacionamento empresa-empregado. De acordo com cada variável ambiental, existem características que são mais nocivas ao trabalhador, cabendo ao projetista/ergonomista identificá-las e mitigá-las/atenuá-las (Iida, 1993).

Aprofundando essa questão, a seguir, abordaremos os principais fatores ambientais.

a) Temperatura, ventilação e umidade relativa do ar

De acordo com Kroemer e Grandjean (2005), a temperatura, ou clima de interiores tem como componentes principais a temperatura do ar e das superfícies de entorno e recebe influência da umidade, do movimento e da qualidade do ar.

Os equipamentos utilizados para aferir a temperatura são os termômetros de bulbo seco (Tbs) e de bulbo úmido (Tbu).

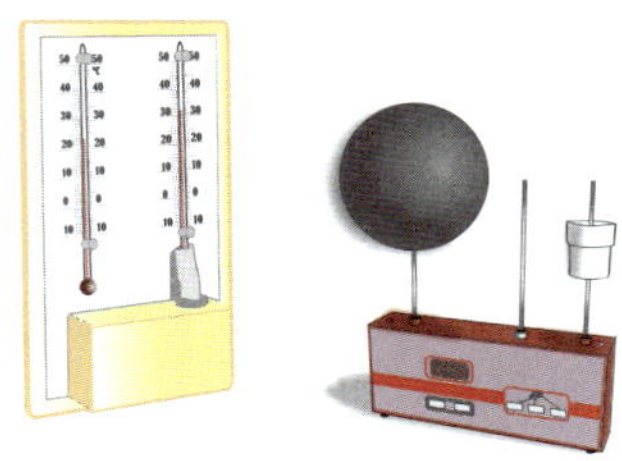

Figura 5.1 – Modelos de termômetro de bulbo seco e úmido, respectivamente.

Segundo Couto (2002), para garantir o conforto térmico em interiores é fundamental que sejam respeitadas as seguintes recomendações:

- O ambiente de trabalho deve estar com temperatura efetiva de 20 °C a 23 °C.
- A umidade relativa do ar deve estar entre 50% e 60%.
- A ventilação máxima aceitável para o ambiente de trabalho é 0,75 m/s.
- Uso de ar-condicionado, ventiladores e umidificadores.

b) Sons e ruídos

De acordo com Couto (2002), o som é o resultante da integração e interpretação de impulsos sensoriais no cérebro, na região do córtex auditivo. O limiar entre som e ruído determina-se pela intensidade sonora; ultrapassando os níveis de conforto, deparamo-nos, então, com um ruído.

A medida adotada para mensurar o nível de ruído é o Decibel (dB), realizada por aparelhos denominados decibelímetros, como o representado a seguir:

Figura 5.2 – Modelo de decibelímetro.

O principal indício de ruído em um ambiente é a dificuldade para entender a fala de outra pessoa, situação que geralmente ocorre a partir dos 80 dB. Quando as pessoas ficam expostas a ruídos por mais de oito horas, podem sofrer danos auditivos irreversíveis.

Para se reduzir ao máximo os níveis de ruído em um ambiente, devem ser levadas em consideração as seguintes recomendações:

- Fazer uso de máquinas silenciosas.
- Fazer manutenção regular das máquinas.
- Confinar as máquinas ruidosas.
- Separar o trabalho barulhento do trabalho silencioso.
- Manter distância de 5 a 10 metros da fonte de ruído.
- Usar barreiras acústicas.
- Adotar o uso de protetores auriculares.

c) Iluminação

A iluminação – ou iluminância – é determinada pela quantidade de luz incidida sobre uma superfície (Kroemer e Grandjean, 2005). A luz pode vir do sol, das luminárias de uma sala ou de qualquer outra fonte.

O aparelho usado para medir a iluminação/iluminância é o luxímetro, instrumento digital portátil, com tela de cristal líquido (LCD), que realiza medidas da iluminação ambiente em LUX na faixa de 1 LUX a 50.000 LUX.

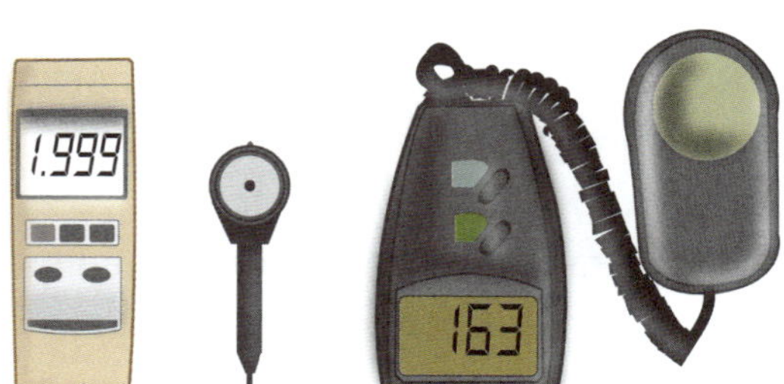

Figura 5.3 – Modelos de luxímetro.

Para Couto (2002), a má iluminação pode provocar queda de rendimento e fadiga visual. Assim, deve-se observar:

- Existência de claridade excessiva/ofuscamento.
- Inexistência de bom contraste dos limites do objeto (pisos escuros contrastando com paredes claras).
- Uso de lâmpada de baixa reprodutibilidade cromática (cor real do objeto e sua reprodução).

- Índice de Reprodução de Cores (IRC): deve ser maior que 80% nos escritórios.

- Efeito estroboscópio: lâmpadas fluorescentes não devem ser utilizadas em fábricas com máquinas de giro, pois o efeito da lâmpada pode dar a impressão de que a máquina está parada ou girando ao contrário, podendo provocar acidentes.

- Padrões de luminosidade: a mesa de trabalho deve estar em um ângulo maior que 30° da lâmpada, pois o campo de visão humano é de 30°.

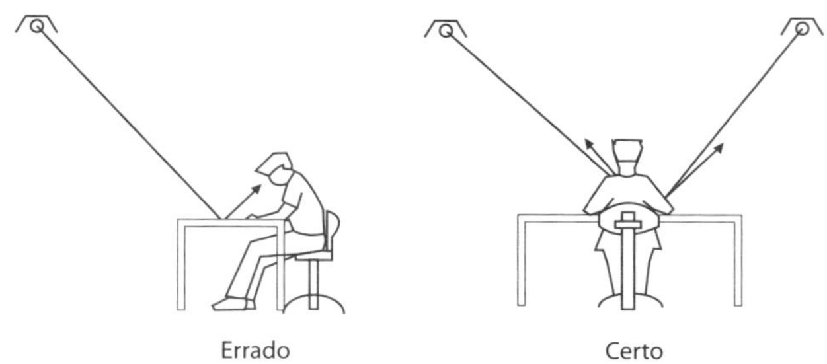

FIGURA 5.4 – As fontes de luz devem estar localizadas a fim de evitar reflexos e sombras
Fonte: Iida (1993).

Recomendações:

- Deve-se tentar usar a luz natural.

- As janelas devem ficar à altura das mesas. Além disso, elas devem ser altas para atingir pontos mais profundos da sala.

- A distância da janela ao posto de trabalho não deve ultrapassar duas vezes a altura da janela.

- Para evitar o ofuscamento, utilizar muitas luminárias longe do campo visual, promover grandes níveis de iluminação geral e evitar superfícies refletoras.

- Utilizar sistemas de iluminação adequados.

- Pintar as paredes e outras superfícies com cores claras.

- Tomar cuidado com a intermitência de lâmpadas fluorescentes.

d) Vibração

As vibrações são consideradas oscilações da massa em razão de um ponto fixo. No corpo humano, são produzidas a partir de movimentos periódicos, sendo eles regulares ou irregulares e provocados por ferramentas, veículos ou quaisquer outros mecanismos. Estes, quando em contato com o corpo humano, provocam oscilação a partir da posição de repouso (Kroemer e Grandjean, 2005). A vibração é medida em Hertz (Hz), por medidores de vibração, como o modelo da figura.

FIGURA 5.5 – Modelo de medidor de vibração.

De acordo com Kroemer e Grandjean (2005), as vibrações podem ser consideradas um dos fatores ambientais mais nocivos ao ser humano, podendo provocar, em um curto período de tempo, danos permanentes. De um modo geral, os efeitos nocivos provocados pela vibração excessiva são agrupados em cinco categorias: Lesões Neurológicas, que afetam o sentido do tato; Lesões Vasculares, que afetam a circulação do sangue nos dedos; Lesões Neurovasculares, que afetam a força muscular; e Lesões na Elasticidade Muscular, que afetam a capacidade de abrir e fechar os dedos e as mãos.

Tais efeitos se manifestam, especialmente, por meio dos seguintes sintomas:

- Dores de cabeça, de estômago e nas orelhas.
- Tonturas, vertigens e zumbidos nos ouvidos.
- Transpiração abundante ou diminuta.
- Perturbações da visão (imagem turva e tremida).
- Dores lombares.
- Hérnias discais.
- Sede frequente e perda de apetite.
- Dificuldades de audição.
- Constipações.
- Irritação.
- Dificuldade para dormir.

Para combater os efeitos nocivos da vibração, deve-se reduzir ao máximo o contato com suas fontes. Na impossibilidade de evitá-las, uma saída é a redução do tempo de exposição a elas, aliada aos equipamentos e acessórios para amortecimento, como molas, revestimentos de espuma, borracha ou silicone. Também é preciso recorrer ao uso de EPIs adequados para essas situações – os itens mais recomendados são as luvas com revestimento de espuma/silicone e os calçados com sola de borracha espessa (Couto, 2002).

5.4.5 Organização do trabalho

De acordo com a NR-17, as condições de trabalho, incluindo a organização, devem respeitar as características psicofisiológicas dos trabalhadores, com o objetivo de garantir conforto, segurança e desempenho eficiente (Brasil, 2011).

A organização do trabalho define-se pelo conjunto de ações tomadas pelos gestores e facilitadores no intuito de prescrever o trabalho (objetivos, planos e metas), ou seja, a designação das tarefas, a forma de executá-las e o tempo a ser gasto com elas. Independentemente da natureza do trabalho, pode-se dizer que sua organização se dá com 1 T e 7 Ms: "Tecnologia, Máquinas, Manutenção, Matéria-Prima, Material, Método, Meio ambiente e Mão de obra". Caso figure falha em algum desses pontos, poderão surgir problemas significativos no resultado operacional e, consequentemente, a sobrecarga sobre o trabalhador estará mais perto de acontecer, acarretada por problemas de ordem ergonômica (Couto, 2002).

Quando nos referimos à organização do trabalho, faz-se pertinente diferenciar o entendimento entre tarefa e atividade de trabalho. Para Oliveira (2005), tarefa é aquilo que o trabalhador diz que irá fazer, com os recursos oferecidos; a atividade, por sua vez, corresponde à ação, ao modo como a tarefa será executada, resultante da interação entre a ação e o seu executor, sendo determinada pelas condições de trabalho oferecidas e pela bagagem sociotécnica do trabalhador.

O conjunto de tarefas a serem executadas pelos trabalhadores é amplamente influenciado pelas condições oferecidas e pela organização do trabalho. Muitas vezes, por deficiência na estrutura organizacional, o trabalhador obriga-se a compensar tais dificuldades com a adoção de posturas inadequadas, ou submete-se a situações impróprias de trabalho, tendo como retorno seu sofrimento e adoecimento (Oliveira, 2005).

Nesse sentido, no processo de readequação da organização do trabalho e das demais características ergonômicas a serem observadas e ajustadas, a participação dos trabalhadores nas reuniões de análise das disfunções é, como já afirmamos, de grande valia. A bagagem de vivências dos trabalhadores com relação às tarefas executadas e com as condições oferecidas permite que eles apontem os principais problemas operacionais e da organização do trabalho (Couto, 2002).

Além do envolvimento dos trabalhadores, é fundamental que suas características psicofisiológicas sejam respeitadas. A seguir, abordaremos as medidas antropométricas e apresentaremos algumas sugestões de adequações ergonômicas.

5.5 Medidas antropométricas e adequações ergonômicas

As adaptações ergonômicas devem ser realizadas levando-se em consideração as características antropométricas dos trabalhadores. As soluções têm de ser pensadas de forma simples, objetiva e eficiente. Quanto maior for o conhecimento da função, melhores opções de solução poderão surgir. Primeiramente, parte-se do problema existente e, a partir dele, viabilizam-se medidas para solucioná-lo ou, ao menos, minimizá-lo.

No Quadro 5.3, apresentamos algumas sugestões para aplicação dos conceitos ergonômicos que podem melhorar as condições de trabalho.

Quadro 5.3 – Recomendação ergonômica de acordo com os segmentos corporais

Segmento	Posição	Observação	Finalidade
Campo de visão	Cervical em posição alinhada.	Posicionar o monitor entre 45 cm e 70 cm de distância, com altura máxima até a linha de visão, garantindo, assim, que a cervical permaneça alinhada ou levemente flexionada.	Garantir o conforto visual e prevenir a incidência de dores, principalmente na região cervical.
Cervical	O ideal é que esteja alinhada ou levemente flexionada; evitar extensões, flexões e rotações.	Evitar ao máximo posturas estáticas em extensão de cervical.	Evitar dores na região cervical.
Tronco	Ereto e apoiado; observar/evitar rotações e flexões laterais.	Quando estiver sendo realizado trabalho pesado, utilizando de bancada de apoio, esta deve estar regulada na altura do quadril; permitindo uma leve flexão de tronco, a alavanca do corpo facilita a execução de trabalhos pesados.	Evitar dores lombares e a incidência de patologias como hérnias de disco.
Braços	Posição abaixo da linha do ombro.	Evitar ao máximo que o ombro permaneça flexionado acima da linha do ombro, indiferentemente se estiver em adução ou abdução.	Evitar dores e desconfortos, bem como o surgimento de bursites e outras LER/DORTs.

Continua

Continuação

Segmento	Posição	Observação	Finalidade
Antebraços	O ideal é que estejam flexionados em angulação de 60° a 100° e, preferencialmente, apoiados.	Sempre que possível, deve-se apoiar todo o antebraço, evitando o apoio nas bordas, pois estas podem provocar compressão nas estruturas musculares e tendíneas, dificultando a circulação sanguínea e propiciando a instalação de processos inflamatórios.	Evitar fadiga muscular, dores e processos inflamatórios.
Mãos/ punhos	Evitar desvios laterais (radial e ulnar) e flexões/ extensões excessivas.	Preferencialmente, o punho deve estar em posição neutra (até 15° de flexão/extensão).	Evitar dores e lesões.
Pernas	Quando sentado, observar se há igual distribuição do peso corporal. Evitar flexão excessiva de quadril. Quando estiver em pé, apoio bilateral.	A posição das pernas interfere no conforto/desconforto lombar, bem como na circulação sanguínea. Alguns casos de formigamento nas pernas podem ser decorrentes da má circulação provocada pelas flexões excessivas.	Evitar dores, desconfortos e formigamentos.
Joelhos	Evitar flexões superiores a 90°.	Manter os joelhos muito flexionados pode provocar dores e desgastes, principalmente nos meniscos.	Evitar dores e lesões.
Tornozelos/ pés	Apoiados em superfície plana e estável. Quando sentado, a preferência é para o uso de apoio para os pés.	Quando utilizar apoio para os pés, os tornozelos devem estar levemente flexionados ou em dorsiflexão, pois assim o retorno venoso é facilitado.	Evitar dores, desconfortos e melhorar o retorno venoso.

Outras dicas que podem ser levadas em consideração:

- Em qualquer tipo de trabalho, as posturas estáticas, são mais nocivas do que as dinâmicas e, portanto, devem ser evitadas.

- Posicionamento do computador em relação às janelas: preferencialmente, os monitores devem ser posicionados lateralmente em relação às janelas, para evitar que sejam produzidos reflexos na tela. Outra fonte de reflexos na tela são as lâmpadas do ambiente, que também devem ser consideradas quando da definição do posicionamento do monitor.

- Sempre que for projetar uma bancada de trabalho sem regulagem de altura, esta deve estar ajustada para que as pessoas de maior estatura possam trabalhar adotando uma postura adequada, e as de menor estatura possam gozar da mesma condição, por meio de bancadas de elevação.
- Dentro do possível, o ambiente de trabalho deve ser o mais humanizado possível (plantas, quadros e, se viável, som ambiente). Outro aspecto fundamental no processo de humanização do ambiente de trabalho relaciona-se às interações sociais entre os trabalhadores, que devem ser incentivadas e valorizadas.

O processo de adequação do local de trabalho é um esforço coletivo; quanto mais ativa for a participação dos trabalhadores, maior será o comprometimento e a adesão às mudanças. Todo o processo de adequação ergonômica deve vir acompanhado de medidas educativas e de conscientização, assim como a da implantação de outras medidas de saúde e qualidade de vida no trabalho, como a ginástica laboral.

CAPÍTULO 6
GESTÃO EM GINÁSTICA LABORAL

Fabiane Maria Zat
Adriana Klein da Rosa

"A essência de toda a vida espiritual é a emoção que existe dentro de você, é a sua atitude para com os outros".
(Dalai Lama)

6.1 Histórico, conceito e percepção atual da ginástica laboral

Os primeiros relatos a respeito da ginástica laboral surgiram na Polônia, em 1925, sob a denominação de ginástica de pausa. Com o passar das décadas, outros países foram aderindo à prática de atividades físicas no ambiente ocupacional, como Holanda, Rússia, França e Japão, entre as décadas de 1920 e 1930. Em 1960, foi a vez da Bulgária, da Alemanha, da Suécia, da Bélgica e dos Estados Unidos (Lima, 2008). Junto com as atividades físicas praticadas no contexto de trabalho, também surgiram estudos relacionados a essa temática. Em países europeus, como França, Bélgica e Suécia, no período de 1920 a 1930, foram desenvolvidos estudos voltados para a fadiga, os estados físico e psicológico dos trabalhadores e o sentimento das pessoas quanto à ginástica de pausa (Cañete, 1996).

No Brasil, os primeiros relatos de atividade física no ambiente ocupacional foram registrados em 1901, no Rio de Janeiro, na fábrica de tecidos Bangu. Entre as décadas de 1930 e 1940, despontaram empreendimentos empresariais que primavam pela disponibilidade de espaços para a prática esportiva e de lazer, destacando-se, entre outros projetos, o do Banco do Brasil (Lima, 2008). No início da década de 1970, a Escola de Educação Física FEEVALE, em Novo Hamburgo (RS), desenvolveu junto das empresas do município a proposta de exercícios baseados em análise biomecânica, Educação Física compensatória e recreação. Em 1979, a mesma entidade, em convênio com o Serviço Social da Indústria (SESI), elaborou e executou o projeto *Ginástica Laboral Compensatória*, comprovando seus efeitos benéficos aos trabalhadores (Figueiredo e Mont' Alvão, 2005).

Segundo Polito e Bergamaschi (2002), a ginástica laboral foi inserida nas empresas com o propósito de elevar os índices de produtividade e melhorar a saúde dos trabalhadores. Em muitas empresas, os programas de ginástica laboral foram enquadrados no conceito dos Programas 5 Ss da Qualidade Total. Para cada "S" é atribuído um significado e uma área de abrangência, sendo que: 1s – superávit, significa aumento da produtividade; 2s – saúde, atribuído a medidas que visam à melhoria do bem-estar físico e mental; 3s – segurança, diminuição dos acidentes de trabalho; 4s – socialização, para melhoria do relacionamento interpessoal; e 5s – satisfação, empregados mais motivados, dispostos e valorizados. A proposta da ginástica laboral pode ser enquadrada como medida de saúde, socialização, segurança e satisfação.

Com o passar dos anos, a ginástica laboral foi sendo difundida em maior escala. Atualmente, o termo é amplamente utilizado por profissionais e sociedade em geral, embora ainda existam equívocos quanto ao entendimento do seu conceito. Como a própria palavra deixa entrever, laboral vem de *labor*, que significa trabalho. Assim sendo, para caracterizar a aplicação da ginástica laboral, esta deve ser aplicada para trabalhadores em seus ambientes de trabalho.

A ginástica laboral atua de forma preventiva e terapêutica, sendo um repouso ativo que aproveita as pausas regulares durante a jornada de trabalho para exercitar e relaxar os grupos musculares mais requeridos durante o trabalho, tendo como objetivo a prevenção da fadiga e das doenças ocupacionais (LER/DORT). Contudo, ela pode ser entendida como a aplicação de exercícios de compensação para movimentos repetitivos, para ausência de movimento e posturas incorretas no local de trabalho (Polito e Bergamaschi, 2002).

Ela ainda é caracterizada como uma prática voluntária e coletiva, sendo aplicada de maneira instrutiva e com enfoque preventivo às doenças ocupacionais. As sessões de ginástica laboral são de curta duração, geralmente de 5 a 15 minutos, de acordo com a disponibilidade da empresa. Todas as atividades propostas devem ser elaboradas de forma que todos possam executá-las.

Por contemplar atividades lúdicas/cooperativas, a prática colabora com a interação e integração dos trabalhadores, o que contribui nos aspectos psicológicos dos participantes. Para Cañete (1996), a ginástica laboral estimula a motivação, melhora o clima organizacional, reduz os níveis de tensão e promove as interações sociais, adquirindo caráter humanizador.

A essência da ginástica laboral é o alongamento, sendo aplicado de acordo com o objetivo específico para o horário e os tipos de programas pretendidos, abordados a seguir.

6.2 Tipos de ginástica laboral

A ginástica laboral pode ser aplicada em diferentes horários da jornada de trabalho e com objetivos também distintos, embora o intuito principal sempre esteja voltado para a promoção da saúde e prevenção de doenças, buscando garantir aos trabalhadores conforto, bem-estar e motivação. Mendes e Leite (2008) classificam os principais tipos de ginástica laboral em preparatória (GLP), compensatória (GLC) ou ginástica de pausa, relaxante (GLR), ginástica corretiva (GC) e de manutenção (GLM) ou conservação. A seguir, descreveremos as características e objetivos dos tipos de ginástica laboral mais aplicados em empresas.

6.2.1 Ginástica laboral preparatória (GLP)

A ginástica laboral preparatória é aquela realizada no início da jornada de trabalho, ou nas primeiras horas, e tem duração de aproximadamente 5 a 15 minutos, de acordo com a disponibilidade da empresa. Na aplicação da GLP, são combinados exercícios para alongar, aquecer, melhorar a amplitude articular e a tonicidade muscular, além de exercícios respiratórios, que visam à consciência corporal e atividades de grupo que promovam as interações sociais entre os trabalhadores.

Os efeitos positivos provocados pelo momento da ginástica laboral se iniciam com a reunião das pessoas, pois é uma oportunidade rara de um encontro descontraído, no qual os funcionários interagem e estreitam seus vínculos. Esse momento é fundamental para reduzir os níveis de estresse e melhorar o clima organizacional e a satisfação no trabalho.

No caso da GLP, é fundamental que o profissional responsável por sua execução chegue com um tempo de antecedência, pois é uma ótima ocasião para conversar com os trabalhadores e trocar ideias. Essa postura do profissional contribui muito para a participação e o comprometimento das pessoas com a prática da ginástica laboral e todas as ações vinculadas.

É importante destacar que todas as atividades que forem propostas nas sessões de ginástica laboral, inclusive os alongamentos, devem vir acompanhadas de explanação dos objetivos da tarefa e resultados esperados. Essa é uma forma eficiente de trabalhar a conscientização dos participantes e demonstrar o comprometimento do executor.

A sessão de GLP pode ser iniciada com um alongamento generalizado, que tem a função de despertar e posteriormente concentrar o alongamento nas musculaturas que serão mais requeridas durante a jornada de trabalho. Como o objetivo é aquecer, o tempo de permanência em cada posição deve ser reduzido, sendo preferível realizar dois movimentos distintos que contemplam o alongamento do mesmo grupo muscular por dois motivos: o primeiro consiste em ativar a circulação e promover o aquecimento muscular; o segundo, em conferir dinamismo à sessão de ginástica laboral.

Além da realização dos alongamentos, torna-se peça chave para a satisfação dos trabalhadores – e, consequentemente, para a manutenção do programa de ginástica laboral[8] – trabalhar com atividades cooperativas e lúdicas, adaptando-as ao contexto de trabalho. Outra dica é recorrer à analogia para abordar situações corriqueiras do ambiente laboral, estimulando sentimentos de colaboração e amizade entre os participantes.

O fechamento da sessão de ginástica laboral deve ser realizado em grande estilo, regado com muitos estímulos motivacionais. Particularmente adotamos o uso de frases, mensagens ou falas de incentivo, amizade, persistência, entre outros temas oportunos para ocasião. De preferência, a fala final tem que contemplar elementos do cotidiano dos trabalhadores e dos acontecimentos da atualidade.

6.2.2 Ginástica laboral compensatória (GLC)

A ginástica laboral compensatória ou de pausa é realizada durante o expediente de trabalho, preferencialmente após o pico de produção, ou de acordo com a viabilidade de horários da empresa. Ela tem como objetivo compensar as estruturas musculares mais requeridas, impedir a instalação de vícios posturais, combater as doenças ocupacionais, além de promover o relaxamento e interromper a monotonia do trabalho (Polito e Bergamaschi, 2002).

Segundo Maciel (2008), o propósito da GLC é de fornecer estímulos que relaxam a musculatura, com o objetivo de evitar a instalação da fadiga e promover a diminuição das dores musculares e do estresse mental. Esse tipo de ginástica (ginástica laboral) também pode ser entendido como uma pausa ativa

8 Um dos principais motivos que levam à interrupção dos programas de ginástica laboral é a gradativa redução do número de participantes, geralmente provocada pela monotonia das sessões e pela falta de comprometimento dos trabalhadores.

da tarefa de trabalho, que visa promover a quebra da rotina e da monotonia, oferecendo estímulos motivacionais que auxiliarão, sobretudo, na prevenção de acidentes de trabalho e na manutenção dos níveis de produtividade.

Os exercícios de alongamento aplicados na GLC devem contemplar as sinergias musculares antagônicas às que são mais requeridas durante a tarefa ocupacional, para assim promover a compensação e o equilíbrio funcional (Cañete, 1996). Mendes e Leite (2008) complementam que os exercícios propostos para as sessões de GLC têm o intuito de impedir a instalação de vícios de postura, aliviar a fadiga muscular e estimular a socialização e a integração entre os trabalhadores.

Embora o objetivo direto da ginástica laboral não seja o aumento da produtividade, e sim a adoção de medidas para evitar/compensar os efeitos nocivos provocados pela tarefa laboral, Cañete (1996) afirma que estudos comprovaram que a pausa provocada pela GLC não acarreta a redução da produtividade que, no máximo, permanece como estava.

As sessões de GLC são divididas em dois momentos principais. No primeiro, deve-se contemplar exercícios compensatórios, com alongamentos mais demorados, para que promovam o relaxamento da musculatura mais requerida (musculatura agonista) pela tarefa executada e, por outro lado, também contemplem os músculos antagonistas. De um modo geral, a atividade deve promover o relaxamento, o alívio e a prevenção à fadiga, compensar a postura e quebrar a rotina de trabalho. Além dos alongamentos, podem ser desenvolvidas atividades de relaxamento e de soltura muscular.

O segundo momento da sessão de GLC deve contemplar atividades mais dinâmicas. De acordo com o tempo disponível, pode ser feita uma atividade lúdica/cooperativa ou o uso de fala ou mensagens. Nesse momento da sessão, é importante atentar-se para que o tom de voz do professor instrutor expresse animação, justamente para se contrapor à primeira fase, que objetivava suavidade e relaxamento. O final mais animado também é útil na medida em que prepara os trabalhadores para retornarem às suas funções, retomando os níveis de atenção.

6.2.3 Ginástica laboral de relaxamento (GLR)

A prática da Ginástica Laboral de Relaxamento (GLR) caracteriza-se por ser realizada no final da jornada de trabalho, com o intuito de proporcionar relaxamento e alívio das estruturas musculares. Nesse tipo de sessão de ginástica laboral, são utilizados alongamentos mais lentos, acompanhados de exercícios respiratórios e massagens, com o objetivo de deixar o trabalhador mais relaxado e disposto para realizar tarefas que não sejam do ambiente de trabalho, reduzindo o cansaço e prolongando o seu bem-estar (Mendes e Leite, 2008).

Ainda de acordo com Mendes e Leite (2008), a GLR deve propiciar um momento de contato interior, possibilitando que o trabalhador reflita sobre seu dia e suas atitudes para se sentir estimulado para se desligar da tarefa do trabalho. O alongamento é feito de forma mais lenta, proporcionando maior consciência corporal, de modo que o trabalhador realize os movimentos do dia a dia com mais facilidade e cuidado com seu corpo.

Independentemente do tipo de ginástica laboral, seu principal propósito é o de provocar melhora do ambiente de trabalho, colaborando para a prevenção e redução do estresse ocupacional. O grande segredo dos programas de ginástica laboral bem-sucedidos está no planejamento e execução de sessões que atendam às reais necessidades dos trabalhadores, com envolvimento, comprometimento e responsabilidade ética. Procuramos transcrever, de forma sucinta, alguns passos que norteiam a nossa atuação profissional, não com o intuito de repassar uma receita pronta, mas de apresentar algumas ferramentas auxiliares aos profissionais que atuam com a prática da ginástica laboral.

6.3 Mecânica para elaboração e aplicação das sessões de ginástica laboral

Com tempo de execução reduzido entre 5 a 15 minutos, as sessões de ginástica laboral devem ter um objetivo claro e aplicação direta, para que se consiga alcançar o resultado desejado. Nessa conjuntura, o planejamento é crucial: há que se fazê-lo por sessão, mês, trimestre e ano.

O objetivo anual do Programa de Ginástica Laboral (PGL) deve ser traçado junto com os responsáveis pela empresa; já o trimestral, com o encarregado do setor. Os objetivos diários ficam a cargo do profissional. A cada sessão deve-se falar qual é o objetivo para os trabalhadores, analisando, *a posteriori*, se a resposta foi a esperada. Todo o trabalho desenvolvido deve ser avaliado e seus resultados também devem ser apresentados aos trabalhadores e gestores empresariais, em explanação oral e na forma de relatório, respectivamente. Assim como aulas, as sessões de ginástica laboral devem apresentar objetivo e são subdivididas em três momentos, denominados parte inicial (PI), parte principal (PP) e parte final (PF).

Para selecionarmos o conteúdo das sessões – as técnicas que serão utilizadas em nosso plano de aula –, devemos considerar os planejamentos anual e trimestral do programa, sempre levando em consideração o princípio da segurança e da eficiência. Segundo o Manual de Boas Práticas de Ginástica Laboral (ABGL, 2011), é recomendado que os seguintes itens sirvam para nortear a elaboração dos planos de aula e a própria evolução do programa:

- Ambiente: análise criteriosa do ambiente para adequação das atividades.
- Materiais: bolinhas de espuma ou de tênis, bastões, cordas, cordão, extensores, aquatubo, entre outros.
- Seleção de técnicas: exercícios de alongamento, resistência muscular localizada, relaxamento, automassagem, consciência corporal, atividades lúdicas e jogos cooperativos.
- Estratégias de ensino aprendizagem: aula individual, em duplas, em grupo, de pé, sentado, com materiais, sem materiais, com música, sem música.

6.3.1 Parte inicial

A sessão de ginástica laboral deve ter início com uma calorosa saudação. O trabalhador deve se sentir atraído para a aula. Podemos chamar a atenção para um fundamento que vai ser trabalhado na parte principal da aula, como a circulação sanguínea: "Na nossa aula de hoje iremos prevenir dores nas pernas e varizes!". Ou um desafio, em uma aula de equilíbrio: "Quero ver como está o equilíbrio de vocês hoje!".

O vínculo que se estabelece com os trabalhadores é um aspecto extremamente importante para o sucesso de tudo o que será proposto; o trabalho deve estar embasado pelo comprometimento mútuo.

O segundo momento destina-se à explanação dos objetivos da sessão de ginástica laboral. Os participantes precisam saber o que será trabalhado e com qual propósito.

6.3.2 Parte principal

A parte principal da sessão de ginástica laboral refere-se ao trabalho específico. É importante que durante os exercícios se explique qual grupo muscular está sendo trabalhado, onde ele se localiza, como ele é utilizado no cotidiano do trabalhador, entre outras informações pertinentes. Esse tipo de orientação é válida para melhorar a consciência corporal e postural, além de ampliar o nível de informação dos trabalhadores e dar dinamismo à sessão.

6.3.3 Parte final

Podemos escolher diferentes formas para realizar o fechamento da sessão de ginástica laboral:

a) Minipalestras

Para cada trimestre, é importante escolher uma temática a ser trabalhada. Por exemplo: sedentarismo, doenças ocupacionais, obesidade, qualidade de vida, exercícios físicos, pausas ativas/alongamentos compensatórios, enfim, temas relevantes e pertinentes, escolhidos de acordo com o público-alvo e a necessidade. Essas temáticas podem ser abordadas na forma de pequenas palestras, com informações claras e sucintas, reforçadas com a distribuição de *folders*, fixação de cartazes, *e-mails*, entre outras formas de disseminar informações.

A frequência e o tempo dessas minipalestras devem ser determinados segundo a viabilidade. Mesmo nos casos em que o tempo de execução da sessão de ginástica laboral é extremamente reduzido, pode-se trabalhar com as minipalestras utilizando não mais que um minuto para falar do material que irá ser distribuído, ou fixado em pontos estratégicos da empresa, e abordando o conceito ou alguns tópicos principais do tema em questão. Os materiais informativos devem atrair a atenção das pessoas e reforçar o que foi proferido.

Para alcançar o resultado desejado, faz-se necessário que o trabalho seja contínuo. Por exemplo, uma vez por semana, o tema escolhido para o trimestre é trabalhado nas sessões de ginástica laboral, mesmo que pelo tempo de 1 a 3 minutos – ao final do trimestre, terá sido utilizado o tempo de 30 minutos a 1 hora de abordagem, o que equivale a uma palestra convencional. Assim como as informações são necessárias para a conscientização e para a adoção de hábitos de vida mais saudáveis, as atividades em grupo são as engrenagens que movimentam a socialização e o estímulo às interações sociais.

b) Atividades de grupo, analogias, frases e mensagens

As atividades de grupo, ou dinâmicas de grupo, são ferramentas extremamente importantes em um Programa de Ginástica Laboral, pois promovem as interações sociais. Em um ambiente ocupacional no qual as pessoas se relacionam de forma amistosa, os níveis de estresse são menores, além de observarmos uma redução nos índices de doenças psicossomáticas. Reafirmamos que os Programas de Ginástica Laboral não podem ser medidas isoladas e paliativas.

Para que as atividades de grupo provoquem os estímulos desejados (interação e motivação), elas não podem ser aplicadas sem contextualização. É importante destacar que as atividades de grupo devem ser inseridas nas sessões de ginástica laboral após um ou dois meses da sua implantação. Em princípio, deve-se observar a aceitação do grupo quanto às atividades propostas e verificar a possível existência de preconceitos, para que não haja rejeição por parte dos trabalhadores.

Outra medida interessante para provocar reflexão sobre o relacionamento interpessoal no ambiente de trabalho diz respeito à utilização de analogia, abordando as dificuldades de relacionamento de maneira indireta. Um exemplo: Percebe-se que existe exclusão de uma ou mais pessoas no grupo; então, optamos por trabalhar a atividade de grupo *Dinâmica com balões*[9], que se destina a estimular a comunicação, o espírito de liderança e o entrosamento dos membros do grupo. Após a realização, o professor faz um questionamento da atividade, associando-a à realidade, como por exemplo:

Será que esta atividade tem alguma semelhança com o nosso trabalho?

c) Estimular as respostas.

Estimular a reflexão com a pergunta: Como podemos agir para enfrentarmos este tipo de situação no nosso grupo de trabalho?

Com base nas respostas, realizar o fechamento da atividade, sempre de forma positiva, motivando as pessoas a adotarem, em seu cotidiano, atitudes positivas e amistosas.

O uso da analogia como medida reflexiva também pode ser feito com a utilização de frases ou mensagens. Em inúmeras empresas onde trabalhamos, os próprios participantes da ginástica laboral manifestaram o desejo de trazer mensagens, atitude que deve ser estimulada, pois demonstra o interesse e o envolvimento do trabalhador com o programa.

O fechamento da sessão também deve ser altamente motivador, despertando o interesse do trabalhador em participar da próxima. Todas as medidas de motivação e conscientização são aspectos determinantes para obtenção de bons resultados e manutenção do Programa de Ginástica Laboral; justamente por isso, as sessões precisam ser cuidadosamente preparadas e treinadas pelo professor, que deverá possuir a instrução técnica, a informação e a motivação estrategicamente elaboradas.

São inúmeros e inegáveis os benefícios provocados pela prática da ginástica laboral. Para que ela seja cada vez mais benéfica para trabalhadores e organizações corporativas, consideramos extremamente relevante detalhar os principais benefícios e as ações necessárias para atingi-los.

---

9 **Dinâmica com balões:**

Objetivo: Estimular a cooperação, o espírito de liderança e a comunicação entre o grupo.

Formação: De acordo com o número de pessoas envolvidas, os participantes são divididos em grupos contendo o mesmo número de pessoas. Cada pessoa receberá um balão, que deverá ser enchido e amarrado. Cada pessoa do grupo será numerada em ordem cronológica (por exemplo: grupo com cinco pessoas, os componentes serão numerados de um a cinco).

Execução: A princípio, cada participante é responsável por manter o seu balão no ar, mas, gradativamente, alguns participantes serão convidados a deixar o grupo e os demais terão que se organizar para não deixar com que o balcão caia.

6.4 Benefícios proporcionados pela prática da ginástica laboral

A prática de atividade física devidamente orientada pode beneficiar a mudança do estilo de vida dos trabalhadores, já que o profissional trabalha com a conscientização –, principalmente no que se refere à prevenção de patologias –, além de promover melhorias nas capacidades físicas, com a realização de alongamentos que trabalham com a flexibilidade, coordenação motora e concentração. O conjunto de fatores que envolvem a prática da ginástica laboral tende a promover benefícios de ordem psicológica, por meio da autoestima, da autoconfiança, da valorização, da capacidade de expressão e das interações sociais. Diante dessas inúmeras características, a ginástica laboral pode atender aos interesses do empregado, do empregador e, a um só tempo, da sociedade, sendo considerada uma medida de responsabilidade social (Maciel, 2008).

6.4.1 Benefícios aos trabalhadores

Segundo Polito e Bergamaschi (2002), os benefícios da ginástica laboral, atendem a três aspectos: o físico, o psicológico e o social. No Quadro 6.1, apresentamos os benefícios da ginástica laboral aos trabalhadores de acordo com esses aspectos.

Quadro 6.1 – Benefícios proporcionados aos trabalhadores pela prática da ginástica laboral

Aspecto	Benefícios aos trabalhadores
Físico	Auxilia na prevenção das doenças ocupacionais. Previne e alivia a fadiga muscular. Melhora a consciência postural. Melhora a consciência corporal. Estimula a adoção de estilo de vida saudável. Melhora a flexibilidade. Promove relaxamento muscular. Melhora a circulação sanguínea. Combate o sedentarismo.

Continua

Continuação

Aspecto	Benefícios aos trabalhadores
Psicológico	Motiva os trabalhadores. Promove o bem-estar. Melhora a autoestima. Reduz os níveis de estresse ocupacional. Melhora o nível de atenção, o que contribui, entre outras coisas, para a redução de acidentes de trabalho. Possibilita acesso a medidas educativas e de promoção da saúde. Estimula a cognição por meio de diversas atividades.
Social	Promove interações sociais. Melhora o clima organizacional. Estimula a cooperação.

O profissional encarregado pelo PGL deve estar ciente dos benefícios que a prática pode promover, dos efeitos desses benefícios para os trabalhadores e das estratégias adotadas na execução das sessões para atingir os objetivos traçados.

6.4.1.1 Ordem física

Pela ginástica laboral ter um enfoque que parte do aspecto físico, abordaremos, individualmente, os principais benefícios de ordem física.

a) Doenças ocupacionais

De acordo com dados publicados pela Organização Internacional do Trabalho (OIT), os países gastam uma média anual equivalente a 4% do seu Produto Interno Bruto (PIB) com acidentes de trabalho, doenças ocupacionais e incapacidade para realizar as tarefas (Andrade, 2000). No Brasil, desde 1993, 80% a 90% das doenças ocupacionais estão relacionadas aos distúrbios osteomusculares em consequência da atividade laboral desempenhada. Essa realidade representa um custo de R$ 20 bilhões ao ano, o que corresponde a 2% do PIB nacional. Dentre todas as doenças ocupacionais, as LER/DORT representam 70% dos casos (Teixeira, 2001).

Para modificar essa realidade, o poder público precisa se aliar ao privado, investindo em ações conjuntas que sejam eficientes no estabelecimento de melhores índices referentes às condições gerais de qualidade de vida da população. Algumas das medidas envolvem um maior acesso à saúde, à educação, à segurança e ao transporte. Cabe às empresas a ampliação de suas filosofias, a fim de que percebam a vantagem de investir na qualidade de vida no trabalho.

Existem inúmeras evidências de estudos publicados que comprovam a significativa contribuição da prática da ginástica laboral na prevenção e redução da incidência das doenças ocupacionais, principalmente no que concerne à ocorrência de LER/DORT. Em estudo desenvolvido no Banco do Estado do Rio Grande do Sul (Banrisul), contando com 8.450 funcionários, durante o período de 2003 a 2006, a prática da ginástica laboral colaborou para a redução de 44% dos novos casos de LER/DORT (CONFEF, 2007).

• **Estratégia**: O profissional deve realizar um levantamento para identificar quais são os movimentos mais nocivos que o trabalhador realiza na execução da tarefa. Também deve ser feito, junto com o departamento de medicina do trabalho – ou de segurança do trabalho –, um levantamento para identificar quais são as lesões com maior incidência e os principais motivos que levam o trabalhador a procurar o departamento médico, bem como um levantamento do número de atestados médicos e as causas.

Com base nos resultados da investigação, deve-se elaborar ações educativas para informar e orientar os trabalhadores sobre as causas e consequências das lesões. Convém, ainda, realizar a avaliação ergonômica do posto de trabalho e apresentar solução/adequações para eliminar ou minimizar o risco ergonômico da função.

É função do profissional da ginástica laboral orientar os trabalhadores com dor ou com sintomas de lesão a procurar o departamento médico ou de fisioterapia imediatamente, para que o problema seja tratado antes de se tornar crônico. Outra medida que deve ser adotada é a elaboração e apresentação de relatório com os dados apurados, as medidas adotadas para minimizar o problema e os resultados obtidos. Dessa forma, o empresário terá evidências dos resultados do PGL, dando maior credibilidade ao programa e ao profissional, que contará com mais argumentos para solicitar ou sugerir possíveis adequações necessárias para melhorar as condições de trabalho.

b) Prevenção e alívio da fadiga muscular e maior consciência postural

Geralmente, as dores musculares estão relacionadas a microtraumatismos e inflamações agudas das fibras musculares, provocadas por estiramentos do tecido conjuntivo do músculo, por alteração do mecanismo de entrada e saída de cálcio ou por vários fatores combinados. Do ponto de vista fisiológico, a dor pode ser considerada um dispositivo de alerta, indicando alguma disfunção fisiológica. Ela surge quando um nervo ou terminação nervosa é afetado por um estímulo nocivo, que pode ter sua origem tanto dentro como fora do organismo (Helman, 2003).

A fadiga física é resultado da ação dos fatores exógenos, resultantes da ação muscular, o que possibilita a formação de acidose, que leva a uma intoxicação residual. Quando o músculo encontra-se fadigado, há uma redução natural da capacidade de defesa do organismo, afetando a eficiência na execução do trabalho.

As pessoas com baixa resistência muscular estão muito mais suscetíveis, pois os músculos mais fracos atingem níveis de fadiga muito mais facilmente e estão mais propensos às lesões (Maciel, 2008).

O alongamento muscular lento e estático promove reações fisiológicas que contribuem para a prevenção e redução da dor muscular; a circulação sanguínea irá melhorar, provocando aumento da temperatura muscular e trazendo maior suprimento de nutrientes e remoção do ácido lático (Achour Junior, 1995). A melhora da postura também auxilia na prevenção e redução da incidência de dores e lesões provocadas pelo desequilíbrio muscular. O alongamento, praticado nas sessões de ginástica laboral, aumenta os níveis de flexibilidade e do tônus muscular, o que contribuirá para um realinhamento postural e evitará a adoção de vícios de postura (Lima, 2008).

• **Estratégia**: Antes de iniciar a prática da ginástica laboral, deve-se aplicar, juntamente com a anamnese[10], um instrumento para identificar e mensurar a dor (sugerimos o uso da Escala de Corlett[11]). Com base nos resultados da avaliação, o profissional deve fazer uma triagem e identificar os principais pontos dolosos, que deverão ser contemplados nos alongamentos realizados na ginástica laboral preparatória e compensatória. Ressaltamos que, em casos de dores intensas, os trabalhadores devem ser encaminhados para tratamento médico/fisioterápico.

Outro aspecto importante é apurar a principal causa da dor e, aliando os resultados à avaliação ergonômica do posto do funcionário, melhorar as condições de trabalho, postura, conforto e segurança. Todos os dados apurados, as intervenções e os resultados da reavaliação (aplicada após quatro a seis meses do início da prática da ginástica laboral e, depois, semestralmente/anualmente) devem ser apresentados na forma de relatório, com as respectivas análises e confronto de dados.

Nas medidas informativas/educativas, deve-se primar por conteúdos sobre as posturas mais adequadas para evitar/amenizar o desconforto muscular e as alterações posturais. Também deve ser feito um trabalho individualizado de orientação postural no próprio posto de trabalho e, se possível, deve-se realizar uma avaliação postural dos trabalhadores.

c) Melhora na flexibilidade

A melhora dos níveis de flexibilidade produz maior eficiência mecânica, tendo como resultado movimentos mais seguros e efetivos, o que proporciona redução do gasto energético. Existem evidências científicas que confirmam que o

10 A anamnese encontra-se no item, 7.1.6 – Avaliações, no próximo capítulo.

11 O protocolo da Escala de Corlett (Corlett, 1980) encontra-se no item 7.4.1 – Descrição dos protocolos de avaliação, no próximo capítulo.

risco de incidência de lombalgias pode ser evitado com o aumento da mobilidade pélvica. De acordo com Dantas (1984), a melhora dos níveis de flexibilidade das principais articulações corporais contribui para o alívio e a redução de dores, principalmente na região dorsal e lombar.

Achour Junior (1995) defende que o alongamento é a atividade física mais indicada para se obter ganho de flexibilidade, redução da atrofia muscular e do risco de lesões musculoarticular e melhorar a postura estética. No ambiente de trabalho, no caso com a prática da ginástica laboral, o alongamento estático é o mais recomendado para garantir tais benefícios, pois diminui a tensão muscular e a pressão sanguínea, sendo de fácil execução e com risco mínimo de lesão.

Em trabalho desenvolvido em uma agência bancária do Banrisul, no qual a ginástica laboral era realizada três vezes por semana (das quais duas consistiam em sessões preparatórias e a outra em uma sessão compensatória), realizamos seis avaliações dos níveis de flexibilidade ao longo de três anos, entre 2002 e 2005, comprovando significativas melhoras dos níveis de mobilidade articular. O protocolo utilizado na avaliação foi o Flexiteste, com 20 movimentos (Dantas, 1999)[12].

Gráfico 6.1 – Níveis de flexibilidade obtidos com a prática da ginástica laboral

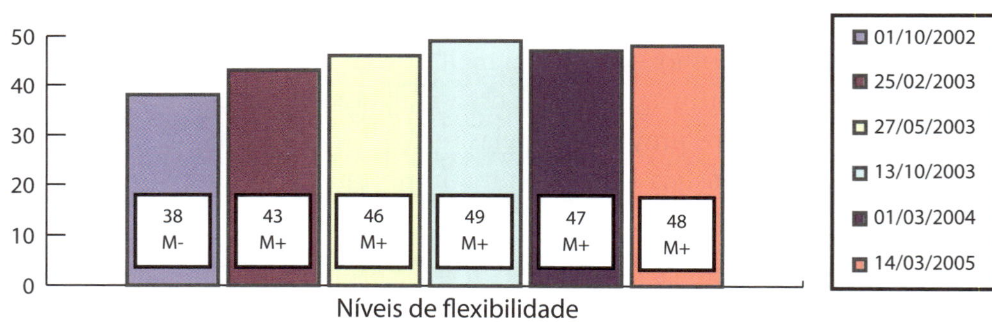

De acordo com o gráfico, podemos observar o ganho de flexibilidade que os trabalhadores obtiveram no período avaliado; a primeira média se encontrava em um padrão considerado médio/fraco, passando para níveis médios/positivos, considerados níveis normais de flexibilidade.

• **Estratégia**: A principal estratégia relacionada à flexibilidade é a adoção de um protocolo de avaliação, preferencialmente aplicado antes do início da prática da ginástica laboral, após seis meses e, depois, anualmente. Com base nos resultados das avaliações, os alongamentos dos segmentos corporais que se encontram com

12 O protocolo do Flexiteste (Dantas, 1999) encontra-se no item 7.4.1, no próximo capítulo.

menores níveis de mobilidade têm de receber ênfase. Também é necessário orientar e informar os trabalhadores sobre a importância de praticar exercícios físicos, sempre acompanhados de alongamentos no início e no final da prática. É importante incentivar as pessoas a adotar hábitos de vida que favoreçam o bem-estar e as boas condições de saúde. Outro aspecto a ser utilizado nas ações de educação e conscientização é alertar para os benefícios da flexibilidade no que tange à redução e à prevenção da dor, responsáveis pela diminuição do desgaste físico na realização das tarefas laborais e cotidianas.

Nossa opção por dividir os benefícios proporcionados pela ginástica laboral nos aspectos físico, psicológico e social não representa um entendimento fracionado, já que as pessoas sempre devem ser tratadas em sua totalidade. Nossa escolha privilegiou o caráter técnico/informativo, no intuito de melhor orientar os profissionais e demais leitores interessados pela ginástica laboral.

6.4.1.2 Ordem psicológica

A fadiga psicológica é provocada por fatores endógenos, responsáveis pela sensação de tensão, tédio, ansiedade, irritabilidade e depressão. Essas manifestações podem ser decorrentes de desmotivação, problemas nos relacionamentos sociais, condições de saúde etc. (Maciel, 2008). Como passamos grande parte do dia no ambiente de trabalho, estimular a melhora das relações sociais, o espírito cooperativo e cordial entre as pessoas é uma maneira de combatermos e prevenirmos os efeitos nocivos provocados pelas relações de trabalho.

Nesse sentido, a ginástica laboral é uma importante medida para estimular a melhora da autoestima, reduzir os níveis de estresse e harmonizar o clima organizacional (CONFEF, 2007). O principal agente utilizado pela ginástica laboral decorre da interação social que as sessões propiciam.

Zilli (2002, p. 68) destaca que a ginástica laboral possibilita desenvolver maior conscientização das pessoas com a sua corresponsabilidade em relação aos cuidados do próprio corpo e condições de saúde, o que se alia à consciência emocional. As práticas coletivas favorecem as boas relações, inclusive aproximando lideranças corporativas e seus liderados, estimulando a quebra da rotina e ampliando o poder de concentração das pessoas nas atividades desempenhadas.

Evidenciando as contribuições dos Programas de Ginástica Laboral, Oliveira et al. (2008) apresentam os seguintes resultados obtidos em uma empresa automobilística: estímulo à preservação da saúde (88%), melhora do estado de humor (86%), da flexibilidade (76%) e da motivação (64%). O conjunto dos benefícios dependerá, principalmente, da forma como as ações promovidas pela ginástica laboral serão conduzidas.

6.4.1.3 Ordem social

De acordo com Zilli (2002), a ginástica laboral desperta o surgimento de novas lideranças, pois favorece o contato social e a integração do grupo, despertando sentimentos de coletividade e equipe. Zat (2009) também compactua dessa ideia ao defender que a ginástica laboral promove as interações sociais no ambiente de trabalho.

É impossível mensurar todos os benefícios diretos e indiretos provocados pela melhora das relações humanas. Investir no capital humano é, sem dúvida, uma alternativa diferenciada e de resultados certos.

- **Estratégia**: Para aumentar os benefícios da prática da ginástica laboral, em especial os relacionados às características psicológicas e sociais, são indispensáveis as práticas contextualizadas de atividade de interação social. Entre as inúmeras possibilidades estão as atividades lúdicas/recreativas, cooperativas, em dupla ou grupos, que incentivem a prática de elogios e estímulos motivacionais. É indispensável que o profissional tenha uma concepção abrangente e esteja ciente de todas as possibilidades oferecidas pela prática da ginástica laboral em termos de benefícios aos seus participantes, traçando objetivos definidos e escolhendo as melhores estratégias para atingi-los. Ganha o trabalhador, ganha o empregador, ganha a sociedade.

6.4.2 Benefícios para as empresas

Buscando enquadrar os benefícios oferecidos pela ginástica laboral às empresas, optamos por classificá-los em três aspectos: de ordem econômica, administrativa e de *marketing*. O Quadro 6.2 relaciona esses aspectos com seus respectivos benefícios.

Quadro 6.2 – Benefícios proporcionados às empresas pela prática da ginástica laboral

Aspecto	Benefícios às empresas
Econômico	Auxilia na redução de custo com assistência médica, absenteísmo e rotatividade. Auxilia na redução dos valores das indenizações trabalhistas. Gera um provável aumento de produtividade (aliado a outros fatores). Reduz acidentes de trabalho. Reduz o número de erros e falhas.

Continua

Continuação

Aspecto	Benefícios às empresas
Administrativo	Valoriza os recursos humanos. Gera trabalhadores mais motivados. Melhora o relacionamento entre colegas. Melhora o clima organizacional e retém talentos. Produz medidas educativas e preventivas.
Marketing	Melhora a imagem da empresa perante os funcionários. Promove o *Marketing* Social da Empresa perante a sociedade. É uma medida de Responsabilidade Social.

Na sequência, fundamentaremos as discussões sobre os benefícios de ordem econômica, administrativa e de *marketing*, respectivamente.

6.4.2.1 Ordem econômica

O grande objetivo de uma empresa para se manter financeiramente saudável e competitiva no mercado é aliar crescimento/desenvolvimento à redução de despesas. Nesse aspecto, nós, profissionais que atuamos em ginástica laboral, precisamos evidenciar e comprovar as contribuições do nosso trabalho para a redução de custos relacionados à assistência médica.

Segundo Polito e Bergamaschi (2002), a implantação de um programa de ginástica laboral auxilia a empresa na diminuição de despesas por afastamento médico, acidentes de trabalho e lesões. Também contribui, de forma indireta, para o aumento da produtividade com qualidade.

De acordo com estudos realizados nos Estados Unidos, para cada dólar investido nos programas de qualidade de vida no trabalho são economizados outros três, que seriam gastos com assistência médica, absenteísmo e rotatividade, mas, agora, podem proporcionar ganho de produção (Jimenes, 2002). De acordo com Ferreira (1998), a empresa Du Ponte do Brasil tem um retorno de quatro dólares para cada dólar investido.

Jimenes (2002) realizou um levantamento abordando os gastos anuais das empresas com assistência médica e avaliou sua redução após a implantação do Programa de Ginástica Laboral, como pode ser observado na Tabela 6.1.

Tabela 6.1 – Aplicabilidade do Programa de Ginástica Laboral e retorno financeiro para a empresa

Empresa	Período avaliado	Nº de funcionários	Redução de despesas por afastamento	Gastos anuais	Retorno financeiro do período da implantação do programa avaliado
Autopeças Ltda.	Jan. 1998/ Jan. 1999	850	80%	R$ 985.547,41	R$ 788.437,92
Gráfica Ltda.	Mar. 2000/ Mar. 2001	350	45%	R$ 629.547,00	R$ 283.296,15
Banco S/A	Fev. 2000/ Out. 2000	750	62%	R$ 857.211,24	R$ 531.470,96
Comunicação Ltda.	Jan. 2001/ Jul. 2001	1.000	20%	R$ 389.400,00	R$ 77.880,00

Fonte: Jimenes (2002, p. 78).

Os dados apresentados por Jimenes (2002) destacam que, quando bem conduzida, a prática da ginástica laboral auxilia de forma significativa na redução de custos com assistência médica. Porém, é preciso comprovar junto da empresa esses resultados, o que só será possível com um acompanhamento periódico e sistemático. Certamente é uma tarefa que requer comprometimento e envolvimento do profissional para conquistar espaço e importância junto com as organizações.

- **Estratégia**: Para comprovar os benefícios de ordem econômica, proporcionados pela ginástica laboral, faz-se necessário realizar um levantamento do custo operacional dos índices de absenteísmo. Esse cálculo pode ser desenvolvido com o auxílio do departamento financeiro, com o fornecimento do custo diário por trabalhador. O valor deve ser multiplicado pelo número de faltas mensais, chegando ao custo operacional mensal. No decorrer dos meses, deve-se apresentar o comparativo, destacando o percentual de diferença de custos.

6.4.2.2 Ordem administrativa

Para se destacar no atual mercado globalizado e altamente competitivo, as organizações necessitam dispor das melhores ferramentas tecnológicas, de informação e, principalmente, de diferencial nos seus recursos humanos.

O conjunto de todos os benefícios trazidos pela ginástica laboral, aliado às medidas adotadas pela organização e que se referem aos seus recursos humanos, tornará o processo de gestão mais eficaz e com resultados cada vez mais satisfatórios.

- **Estratégia**: Um dos grandes papéis desempenhados por meio da ginástica laboral, como medida de gestão em recursos humanos, consiste em promover a integração entre as pessoas e a aproximação dos diferentes setores que constituem a esfera organizacional. Por meio das atividades de interação, socialização e cooperação, é possível estimular a convivência das pessoas, tornando o clima organizacional mais amistoso, o que favorece a cooperação coletiva para desenvolver as tarefas laborais e atender ao cumprimento de metas, adequando-se às constantes inovações impostas pelo mercado.

6.4.2.3 Marketing

Os programas de ginástica laboral que se propõem a melhorar as condições de vida e de trabalho interferem de forma positiva na imagem que o trabalhador tem em relação à empresa, que o ampara e valoriza. Por conseguinte, a imagem da empresa perante a sociedade passa a ser associada a ideias de comprometimento e responsabilidade social.

Para que as contribuições das medidas de qualidade de vida sejam potencializadas também como ações de *marketing*, é imprescindível que seus resultados e benefícios sejam divulgados, tanto para o público interno como para a sociedade em geral, utilizando-se de todos os meios de comunicação disponíveis, jornais, informativos, reportagens, *folders*, cartazes, *sites*, entre outros.

- **Estratégia**: As principais medidas a serem adotadas para que se trabalhe com maior ênfase as questões relacionadas ao *marketing*, conforme adiantamos, referem-se às formas de abordagem e divulgação do programa. Juntamente com o setor de comunicação da empresa, podem ser viabilizadas as melhores estratégias para divulgação dos resultados e benefícios obtidos com a ginástica laboral; essas ferramentas de divulgação também podem servir como mecanismos de disseminação de conceitos e informações pertinentes acerca do cuidado com a saúde. Isso porque, quanto maior for o acesso das pessoas a esses conteúdos, dentro e fora do contexto laboral, maiores serão as probabilidades de influência positiva no estilo de vida adotado por cada indivíduo. Esse é o nosso grande papel: o real comprometimento em auxiliar as pessoas para que elas tenham uma vida melhor em todas as esferas de suas vidas.

6.5 Perfil do profissional de Educação Física para atuar em ginástica laboral

De acordo com a Associação Brasileira de Ginástica Laboral (ABGL), a Resolução CONFEF nº 073/2004 compete unicamente aos Profissionais de Educação Física as funções de planejar, executar e coordenar Programas de Ginástica Laboral (PGL) (Brasil, 2010).

O Profissional de Educação Física que atua em ginástica laboral deve buscar, dentro do possível, o trabalho conjunto com outros profissionais que já atuam nas empresas, como o médico do trabalho, que responde pela análise clínica dos trabalhadores; os fisioterapeutas, que são os profissionais indicados para tratar os trabalhadores que apresentam sintomas ou diagnóstico de lesões; os terapeutas ocupacionais, encarregados pela reintegração do trabalhador à tarefa de trabalho após afastamento por adoecimento ou acidente; os técnicos de segurança do trabalho e engenheiros de segurança, fundamentais, principalmente, quanto aos aspectos ergonômicos; e os administradores e chefes de setor, indispensáveis para a viabilização e manutenção dos programas de ginástica laboral.

O profissional deve apresentar capacidade de liderança, inteligência emocional, argumentação e conhecimento corporativo, aspectos que o ajudarão tanto nas negociações e apresentação de resultados aos gestores empresariais como na implantação e manutenção do PGL junto com os trabalhadores dos diferentes setores ocupacionais. Outras características são fundamentais para a boa prática da ginástica laboral: a responsabilidade, a conduta ética, o comprometimento, a pontualidade e a capacidade de comunicação e socialização com os trabalhadores; o profissional de Educação Física deve conquistar o respeito e a simpatia dos trabalhadores (Maciel, 2008).

Luchese (2007) complementa, destacando que a atuação em ginástica laboral exige que o profissional tenha sólidos conhecimentos em fisiologia do exercício, ergonomia, técnicas de relaxamento, massagem, alongamento, dinâmicas de recreação e lazer, além de ter noção de segurança do trabalho, medicina ocupacional e gestão empresarial. Lima (2008) afirma que a prática da ginástica laboral requer do profissional capacidade de interação e motivação, contribuindo para melhorar os níveis de socialização e integração dos trabalhadores no ambiente ocupacional.

Como responsável pelo Programa de Ginástica Laboral, o profissional deve buscar constantemente as causas dos problemas ocupacionais, como dores, desconfortos, queixas mais frequentes, adoecimentos e acidentes. Com base nas avaliações ergonômicas, anamnese, observações do local de trabalho, conversas e levantamento de informações junto com os departamentos de segurança e médico, os objetivos e mecanismos de melhoramento por meio das sessões deverão ser traçados.

Lima (2005) aponta que a prática da ginástica laboral, aliada às recomendações da equipe de fisioterapia e departamento médico, auxiliam as empresas a combater e controlar o avanço de lesões e adoecimentos do quadro funcional. Porém, o profissional de Educação Física deve estar atento para que o foco do seu trabalho esteja voltado à prevenção, pois a reabilitação requer tratamento específico e até afastamento do trabalho nos casos mais avançados.

A relevância da prática da ginástica laboral depende muito do nível de conhecimento e embasamento teórico do profissional, bem como da sua capacidade de aplicação. Os trabalhadores precisam entender de forma simples e dinâmica todas as informações repassadas.

Por ser a ginástica laboral uma prática de adesão voluntária, o profissional deve conduzir a sessão a fim de transformá-la em um momento agradável, prazeroso, promovendo a interação social e ações educativas. Para Cañete (1996), a ginástica laboral estimula as interações sociais e a motivação dos trabalhadores, promovendo significativas melhoras no clima organizacional, humanizando-o.

Para tanto, é imprescindível que o profissional de ginástica laboral tenha um olhar amplo sobre os trabalhadores e o ambiente ocupacional, atuando de forma engajada e comprometida. A relevância da ginástica laboral deve ultrapassar a barreira do físico, das doenças, para atingir patamares de atitude, comportamento e interação. Além de ter um profundo conhecimento sobre a ginástica laboral, o profissional deverá ter conhecimento sobre a aplicação da ergonomia e das legislações trabalhistas.

A ginástica laboral bem orientada só tem a beneficiar a instituição e seus funcionários. Para Cañete (1996), a prática pode ultrapassar as barreiras do ambiente de trabalho, sendo um agente de educação para a qualidade de vida e o estilo de vida das pessoas.

CAPÍTULO 7

IMPLANTAÇÃO E AVALIAÇÃO DE PROGRAMAS DE GINÁSTICA LABORAL

Fabiane Maria Zat
Adriana Klein da Rosa

Neste capítulo, forneceremos as informações necessárias para o desenvolvimento de um projeto que vise à implantação de um Programa de Ginástica Laboral. Também consideramos pertinente explorar alguns dos principais modos de se avaliar o Programa pretendido, o que colabora para a sua manutenção e, a uma só vez, comprova os benefícios promovidos.

7.1 Instruções para elaboração do Projeto

O Projeto do Programa de Ginástica Laboral, ou a proposta inicial apresentada à empresa, é o cartão de visitas do profissional. Ou seja, a forma como ele é elaborado e apresentado será determinante para estabelecer o nível de qualidade do trabalho que por hora está sendo apresentado. As informações devem ser objetivas, descritas de forma clara e direta, embora seja altamente recomendável que os textos e frases tenham o embasamento teórico dos principais autores da área.

Deve-se considerar a necessidade de descrever o projeto em uma linguagem que seja atrativa para o investidor, destacando a contribuição do programa no processo de gestão empresarial, principalmente no que tange à redução de custos. Consequentemente, após a implantação, tudo o que foi ofertado deve ser comprovado e documentado. No caso da redução de custos, fazer, junto com o departamento médico, o levantamento dos índices de afastamento, e, no departamento pessoal ou financeiro, qual o gasto mensal com assistência médica; esse acompanhamento deve ser mensal, tabulado na forma de gráfico e anexado ao relatório trimestral do Programa de Ginástica Laboral, evidenciando para o empresário os resultados do programa – e permitindo que nós, profissionais, possamos avaliar e nortear as sessões futuras.

Voltando ao Projeto de Ginástica Laboral, sugerimos que ele seja elaborado contendo os seguintes itens:

7.1.1 Capa

Identificação e nome do projeto proposto. Exemplo:

> **Nome da empresa prestadora de serviço em Ginástica Laboral**
>
> **(Nome do Projeto)**
>
> Ex.:
>
> **QUALIDADE DE VIDA NA EMPRESA**
>
> Ginástica Laboral e Ergonomia
>
> Cidade/Estado, mês e ano.

7.1.2 Conceitos e definições

Na segunda página do projeto, é interessante colocar uma breve definição de ginástica laboral, ou uma frase sobre recursos humanos, qualidade de vida no trabalho, enfim, temas referentes ao programa. A escolha da frase ou conceito deve se dar em função da proposta do PGL. Podemos citar, por exemplo, o uso desta citação:

> Um novo paradigma organizacional vai, paulatinamente, se afirmando: não basta garantir a qualidade final de produtos e serviços; é vital que ela venha acompanhada de qualidade de vida no trabalho (Ferreira, Alves e Tostes, 2009, p. 4).

A citação remete a um entendimento amplo do contexto de trabalho, considerando as constantes modificação e necessidades de novas medidas. Investir em qualidade de vida no trabalho é uma forma de humanizar, reduzir custos e melhorar o desempenho e a satisfação no trabalho, de modo que todos ganhem, trabalhador e empregador.

7.1.3 Objetivo do PGL

O propósito principal do projeto deve ser descrito de forma direta e sucinta. A seguir, um exemplo:

Implantação de um programa de saúde e atividades físicas no local de trabalho, proporcionando melhoria na qualidade de vida dos colaboradores.

7.1.4 Justificativa

Neste item, contemplamos os principais benefícios que justificam a implantação do Programa de Ginástica Laboral. Preferencialmente, devem ser descritos na forma de tópicos, pois facilitam a leitura dinâmica e provocam maior impacto visual.

- Redução dos custos com absenteísmo.
- Redução dos custos de assistência médica.
- Redução dos custos com indenizações trabalhistas.
- Possível aumento de produtividade.
- Estímulo às interações sociais.
- Melhora do clima organizacional.
- Aumento da autoestima e retenção de talentos.
- Consciência corporal.
- Promoção da saúde e prevenção de doenças ocupacionais.

7.1.5 Metodologia

Apresentar detalhes descritivos da execução do Programa de Ginástica Laboral, como na demonstração que se segue:

Local: no setor de trabalho.

As sessões: normalmente terão duração de 10 minutos, no mínimo duas vezes por semana.

Horário: no início do expediente e/ou em intervalos programados.

Conteúdo das sessões: são utilizados exercícios de alongamento, respiratórios, relaxamento, conhecimento corporal e de socialização. Também será promovida uma orientação ergonômica.

Obs.: As sessões serão pesquisadas e elaboradas pela equipe coordenadora.

Traje: roupa que os empregados utilizam para trabalhar.

Público-alvo: todos os trabalhadores.

Palestras: estão incluídas palestras de esclarecimento sobre a ginástica laboral, ergonomia, segurança no trabalho, uso de EPIs, qualidade de vida, motivação, comprometimento da equipe, alimentação e postura.

Obs.: Se houver necessidade, serão desenvolvidas palestras específicas para funcionários e familiares.

Realização de palestra na Semana Interna de Prevenção de Acidentes de Trabalho (SIPAT).

A definição de como será a metodologia de aplicação das sessões de ginástica laboral deve ser elaborada com base nas características da tarefa e da empresa onde o projeto será implantado.

7.1.6 Avaliações

As avaliações servem para quantificar e documentar a realidade trabalhada. É de fundamental importância que os Programas de Ginástica Laboral tenham medidas avaliativas predeterminadas, com sua execução periódica documentada na forma de relatório. Só aplicando as avaliações poderemos comprovar a relevância e os benefícios do nosso trabalho nas empresas.

a) Anamnese

A avaliação inicial é o procedimento mais básico e necessário nos Programas de Ginástica Laboral. Ela tem por finalidade levantar dados referentes às condições de saúde dos trabalhadores, além de identificar e mensurar a dor. Com base nos resultados apurados, serão elaboradas as sessões de ginástica laboral e as orientações ergonômicas.

A avaliação deve ser realizada no momento da implantação do Programa de Ginástica Laboral, antes mesmo do início da execução das sessões. A reaplicação deverá ser feita após seis meses, para que se faça o comparativo e para que os resultados sejam avaliados, a partir de então, a anamnese poderá ser aplicada anualmente.

Para cada avaliação realizada deve-se elaborar um relatório com os resultados e discussões de todos os itens. Da segunda avaliação em diante, os dados devem ser apresentados na forma de gráfico comparativo[13]. O relatório deve ser entregue aos gestores empresariais e pode servir de documento para comprovação das medidas adotadas pela empresa para melhorar as condições de trabalho.

b) Avaliação ergonômica

Essa avaliação objetiva a mensuração do risco ergonômico das tarefas executadas e as adequações do posto de trabalho de acordo com a legislação vigente (NR-17). Os resultados obtidos na avaliação ergonômica devem ser apresentados na forma de relatório ergonômico. As adequações ergonômicas serão realizadas de acordo com a disponibilidade da empresa contratante.

c) Pesquisa de satisfação

Investigar e documentar o nível de satisfação dos participantes do Programa de Ginástica Laboral é muito importante, pois é um indicativo de aceitação e comprometimento. Ao realizar a pesquisa de satisfação, abrir espaço para sugestões é uma forma de envolvimento e adequação do PGL às necessidades dos participantes.

d) Outras avaliações sugeridas

Não existe um número exato de avaliações que devem ser realizadas, embora a anamnese e a avaliação ergonômica sejam cruciais. Dependendo da viabilidade, pode-se realizar a avaliação postural, do percentual de gordura ou o teste de flexibilidade, por exemplo. Toda avaliação realizada deve vir acompanhada de um relatório e de melhoramentos no setor de trabalho para sanar/amenizar os problemas apontados.

7.1.7 Investimento

Refere-se ao valor do Projeto para a empresa. Para chegar ao valor final, adotamos a utilização de uma Tabela de Custos, cujo modelo é apresentado a seguir. *Atenção:* essa tabela não é apresentada no projeto, sendo de uso interno.

13 Mais detalhamentos sobre a elaboração do relatório serão apresentados na seção 7.5.

TABELA DE CUSTOS			
2 vezes por semana		**4 vezes por semana**	
Natureza	**Valor/R$**	**Natureza**	**Valor/R$**
Combustível/transporte		Combustível/transporte	
Telefone		Telefone	
Escritório/impostos[14]		Escritório/impostos	
Seguro do carro		Seguro do carro	
Material de expediente		Material de expediente	
Outras despesas		Outras despesas	
Total de despesas		Total de despesas	
Valor por sessão × número de sessões mensais		Valor por sessão × número de sessões mensais	
TOTAL		TOTAL	

Os itens que constam na Tabela de Custos são sugeridos e podem ser modificados de acordo com as peculiaridades de cada projeto. A ideia central para se chegar ao valor total de um projeto, entretanto, consiste na soma das despesas com o valor a ser cobrado pelos serviços prestados.

A partir da apuração dos valores que constam na Tabela de Custos, apresenta-se a Tabela de Investimentos. Sugerimos a elaboração de dois orçamentos. No exemplo a seguir, o primeiro orçamento prevê duas sessões de ginástica laboral por semana, e o segundo sugere três sessões:

Tabela de investimentos	
2 vezes por semana	**3 vezes por semana**
Investimento por trabalhador[15] R$	Investimento por trabalhador R$
Investimento total mensal R$	Investimento total mensal R$

Após a elaboração do projeto, iniciam-se as negociações com a empresa. Algumas instruções auxiliares no processo de negociação estão detalhadas no item a seguir.

14 Geralmente, calcula-se 20% do valor total do projeto, considerando os tributos e as despesas com escritório de contabilidade. De preferência, a tabela de custos deve ser elaborada com a orientação de um contador.

15 O investimento por trabalhador é interessante usar quando a proposta é para uma empresa com um grande número de funcionários.

7.2 Contato com a empresa e negociação

Os profissionais envolvidos no Programa de Ginástica Laboral podem ser enquadrados no contexto da empresa em duas principais categorias: na de funcionários da empresa ou na de profissional terceirizado, condição esta que abordamos agora.

Geralmente, a elaboração do projeto já é feita após um contato inicial com a empresa. Sempre se deve buscar a pessoa com maior importância hierárquica para negociar, já que é ela quem decide se a proposta será aceita ou não. Como isso nem sempre é possível, outra alternativa é recorrer aos encarregados pelas áreas administrativas, de recursos humanos ou financeiros, dependendo da forma como a empresa se constitui. Em um processo de negociação, a principal discussão gira em torno do custo benefício do programa proposto. Para tanto, o negociador deve destacar, de forma objetiva e baseado em evidências, os resultados positivos, preferencialmente se pautando nos projetos que já desenvolveu – no caso de um profissional iniciante, pode-se referenciar o êxito obtido com o trabalho de outros profissionais, além de mencionar a literatura da área.

O valor estipulado pelo projeto pode oscilar de acordo com o tamanho da empresa, do número de setores/departamentos e do número de sessões realizadas e de avaliações desenvolvidas. É importante conhecer quais são as necessidades e prioridades da empresa e realizar as adequações necessárias sem prejudicar a qualidade dos serviços prestados.

Em alguns casos, a empresa decide implantar o Programa de Ginástica Laboral na forma de "projeto piloto", ou seja, as atividades são realizadas, primeiramente, em um determinado setor e, à medida que os resultados são comprovados, o programa é estendido aos demais departamentos, até atingir sua totalidade. A seguir, discutiremos os principais passos para a implantação do projeto.

7.3 Implantação do Projeto

Como visto anteriormente, o processo de implantação do Programa de Ginástica Laboral requer aplicação de uma anamnese inicial, para avaliar as condições gerais de saúde e de trabalho das pessoas e tomar conhecimento da incidência de dor e possíveis patologias. O período destinado às avaliações iniciais é uma boa oportunidade para conhecer as pessoas e se familiarizar com as características do ambiente laboral.

Se for possível, recomenda-se realizar avaliação ergonômica dos postos de trabalho. Caso não o seja possível, ao menos uma detalhada observação é recomendada. Outra medida significativa é a realização de uma palestra inicial, na qual o tema seja esclarecido e seja explicado como o projeto será desenvolvido. Esta também é uma oportunidade na qual se pode realizar uma sessão demonstrativa.

Para avaliar o nível do comprometimento dos trabalhadores com o projeto, junto com a anamnese, pode-se fazer uma pesquisa de interesse, a fim de que as pessoas possam manifestar o seu desejo e suas expectativas em relação à prática da ginástica laboral.

Recomenda-se que as primeiras sessões de ginástica laboral sejam bem técnicas, enfatizando sempre a sua importância para o bem-estar e a redução/prevenção de dores e desconfortos. Na medida em que as pessoas vão se familiarizando com a proposta da ginástica laboral, pode-se inserir, de forma gradativa e contextualizada, atividades de interação e socialização.

Tanto no período de implantação como no decorrer do programa, as medidas educativas e de conscientização são fundamentais, assim como as avaliações realizadas e seus respectivos resultados.

7.4 Instrumentos de avaliação em ginástica laboral

Sempre que for realizada uma avaliação, os resultados devem ser apresentados aos gestores e também aos avaliados. O Quadro 7.1 relaciona as principais avaliações, os períodos nos quais devem ser realizadas, o objetivo, a forma de apresentação e as ações educativas e práticas a serem tomadas a partir dos resultados apurados.

Quadro 7.1 – Avaliações sugeridas

Tipo de avaliação	Período	Objetivo	Relatório	Ações educativas e práticas
Pesquisa de interesse	Antes da implantação do PGL.	Avaliar o nível de interesse e comprometimento dos trabalhadores com a prática da ginástica laboral.	Apresentar resultados percentuais na forma de gráfico.	Nortear as ações educativas e de conscientização.

Continua

Continuação

Tipo de avaliação	Período	Objetivo	Relatório	Ações educativas e práticas
Anamnese e escala de dor	Avaliação I: início do PGL. Avaliação II: após 6 meses. Demais avaliações: anualmente.	Identificar dados referentes às condições de saúde dos trabalhadores, além de mensurar a dor.	Tabulação dos dados percentuais e elaboração de gráfico. A partir da segunda avaliação, desenvolver gráficos comparativos com as avaliações anteriores.	De acordo com os resultados, elaborar plano de ação para tratar os problemas identificados.
Pentáculo do bem-estar	Avaliação I: início do PGL. Avaliação II: após 6 meses. Demais avaliações: anualmente.	Avaliar o estilo de vida das pessoas.	De acordo com o protocolo do instrumento de avaliação (Nahas, 2006).	Nortear as ações educativas e de conscientização para que as pessoas adotem um estilo de vida saudável.
Avaliação ergonômica	Preferencialmente no início do PGL, ou, dentro do possível, mensalmente realizar as avaliações/ adequações por setores.	Avaliar o risco ergonômico da tarefa executada e apontar as adequações necessárias.	Relatório ergonômico, apontado a situação das condições de trabalho e as adequações necessárias de acordo com a NR-17.	Orientação e adequação dos postos de trabalho (as orientações ergonômicas devem ser realizadas constantemente).
Teste de flexibilidade	Avaliação I: início do PGL. Avaliação II: após 6 meses. Demais avaliações: anualmente.	Avaliar o nível de flexibilidade.	Agrupar os resultados e apresentar na forma de gráfico.	Identificar a ênfase do trabalho de alongamento dos grupos musculares. Orientar as ações educativas sobre a importância da flexibilidade. Em casos específicos, encaminhar ao tratamento fisioterápico.

Continua

Continuação

Tipo de avaliação	Período	Objetivo	Relatório	Ações educativas e práticas
Avaliação postural	Avaliação I: início do PGL. Demais avaliações: anualmente.	Avaliar a postura.	Apresentar na forma de relatório.	Orientar o trabalho de conscientização postural. Em casos específicos, encaminhar ao tratamento fisioterápico.
Pesquisa de satisfação	Semestralmente.	Avaliar o nível de satisfação dos participantes e levantar sugestões de melhoramento do PGL.	Apresentar os resultados na forma de relatório.	Dentro da viabilidade, colocar em prática as sugestões.
Outras avaliações	De acordo com a necessidade. Porém, quando se adota uma avaliação, ela deve ser realizada periodicamente (anualmente), para que seja possível acompanhar o quadro evolutivo.			

Com base no quadro apresentado, o profissional que busca orientação para a implantação e condução do Programa de Ginástica Laboral poderá nortear suas ações, além de adotar a aplicação e outras medidas avaliativas que considerar pertinente.

7.4.1 Descrição dos protocolos de avaliação

Nesse item, iremos apresentar as avaliações que sugerimos no Quadro 7.1, seguidas da descrição de seus respectivos protocolos.

a) Pesquisa de interesse

Essa pesquisa, mostrada no Quadro 7.2, deve ser aplicada antes de a empresa implantar o PGL. É uma forma de envolver os trabalhadores no processo decisório.

Quadro 7.2 Modelo da pesquisa de interesse

Pesquisa de Interesse (Programa de Ginástica Laboral)	
Nome (opcional):	
Empresa/Instituição:	
Departamento:	Data: / /

Continua

Continuação

O que você entende por "ginástica laboral"?
Se a empresa implantar a ginástica laboral, você participará? ( ) Sim ( ) Não
Por quê?
Sugestões para o Programa de Ginástica Laboral:

As informações/sugestões obtidas pela pesquisa de interesse devem ser consideradas no processo de implantação e manutenção do PGL. Também é necessário realizar outras avaliações, descritas a seguir, escolhidas de acordo com o contexto no qual se desenvolve o trabalho.

b) Anamnese

Consiste em uma triagem inicial para se obter um levantamento de algumas características dos trabalhadores (Quadro 7.3). Ela deve ser aplicada antes do início da prática da ginástica laboral, após seis meses e, depois, anualmente.

Quadro 7.3 Modelo de anamnese[16]

Programa de Ginástica Laboral Anamnese Profissional responsável:	
Nome (opcional):	Data: / /
Empresa/Instituição:	
Departamento:	Função:
1- Você tem sentido dor ou desconforto? ( ) Sim ( ) Não ( ) Às vezes	
Se sua resposta foi SIM: 2- Em que período do dia a dor costuma se manifestar? ( ) Antes da jornada de trabalho. ( ) Durante a jornada de trabalho. ( ) Após a jornada de trabalho.	

Continua

Continuação

<table>
<tr><td>3- Quantas vezes por semana a dor costuma se manifestar?
( ) Uma vez na semana.
( ) Duas vezes na semana.
( ) Três vezes na semana.
( ) Todos os dias.</td></tr>
<tr><td>4- Você já teve alguma doença ocupacional?
( ) Sim ( ) Não
Se sua resposta foi SIM, qual(is)?</td></tr>
<tr><td></td></tr>
<tr><td></td></tr>
<tr><td>Fez tratamento?</td></tr>
<tr><td></td></tr>
<tr><td></td></tr>
<tr><td>5- Você pratica exercícios físicos regularmente?
( ) Sim ( ) Não
Se sua resposta foi SIM, qual?</td></tr>
<tr><td></td></tr>
<tr><td></td></tr>
<tr><td>Com que frequência semanal?
( ) Uma vez na semana.
( ) Duas vezes na semana.
( ) Três vezes na semana.
( ) Acima de três vezes na semana.</td></tr>
<tr><td>6- Quanto ao seu peso corporal, você se considera:
( ) Normal.
( ) Acima do peso desejado.
( ) Abaixo do peso desejado.</td></tr>
<tr><td>7- Qual o seu estado emocional mais frequente?
( ) Muito tranquilo.
( ) Tranquilo.
( ) Indiferente.
( ) Tenso.
( ) Muito tenso.</td></tr>
<tr><td>8- Em sua jornada de trabalho, você costuma fazer hora extra?
( ) Sim ( ) Não
Se sua resposta foi SIM, quantas horas diárias?
( ) 0 a 2.
( ) 2 a 4.
( ) Mais de quatro horas diárias.</td></tr>
<tr><td></td></tr>
</table>

16 Adaptado da anamnese utilizada pelo Programa de Ginástica Laboral do Banco do Estado do Rio Grande do Sul – Banrisul.

Para complementar as informações apuradas com a aplicação da anamnese, utiliza-se um instrumento para identificar e mensurar a dor.

c) Escala de dor – Escala de Corlett (1980)

A Escala de Corlett consegue aliar, em apenas um instrumento, simplicidade e relevância. Com a sua aplicação é possível identificar os pontos de dor e fazer a mensuração da sua intensidade.

O protocolo utiliza-se de uma representação estilizada do corpo humano, na qual o avaliado deve identificar os pontos de dor, bem como de uma escala crescente de zero a quatro, que se destina à mensuração da intensidade dessa dor (Figura 7.1).

Intensidade				
1	2	3	4	5
↑ **Nenhum** desconforto/ dor	↑ **Algum** desconforto/ dor	↑ **Moderado** desconforto/ dor	↑ **Bastante** desconforto/ dor	↑ **Intolerável** desconforto/ dor
Escala progressiva de desconforto/dor				

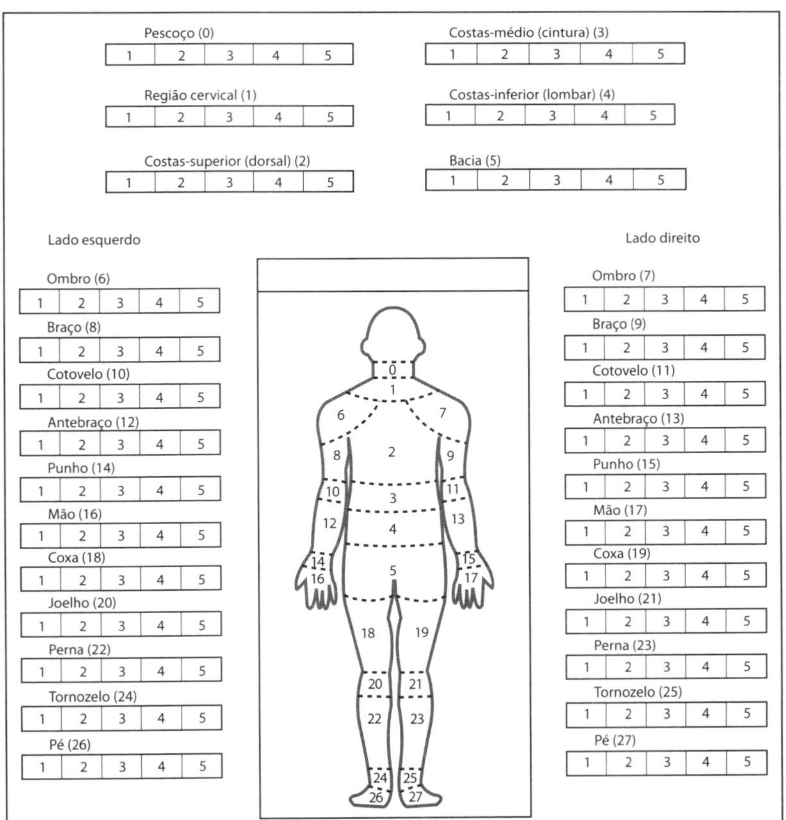

FIGURA 7.1 – Protocolo da Escala de Corlett.

Assim como é fundamental identificar e mensurar a dor, investigar o perfil do estilo de vida dos trabalhadores é pertinente para nortear as ações informativas/educativas que serão adotadas no Programa de Qualidade de Vida no Trabalho, ou Programa de Ginástica Laboral.

d) Avaliação do perfil do estilo de vida – Pentáculo do bem-estar (Nahas, 2006)

De acordo com Nahas (2006), nunca houve tantas evidências da influência do estilo de vida nas condições gerais de saúde quanto na atualidade. Nesse sentido, orientar e estimular um estilo de vida considerado saudável é um importante mecanismo para se buscar a melhora das condições de vida e de saúde.

A avaliação do estilo de vida por meio da aplicação do Pentáculo do bem-estar (Nahas, 2006) é extremamente eficiente, de simples aplicação, tabulação e análise dos resultados. O instrumento proposto é dividido em cinco componentes: nutrição, atividade física, comportamento preventivo, relacionamento e estresse. Cada um desses componentes é composto de três perguntas, respondidas de acordo com as seguintes alternativas: [0] absolutamente **não** faz parte do seu estilo de vida; [1] **às vezes** corresponde ao seu comportamento; [2] **quase sempre** verdadeiro no seu comportamento; [3] a afirmação é **sempre** verdadeira no seu dia a dia; faz parte do seu estilo de vida. Para cada pergunta, o avaliado poderá escolher apenas uma das alternativas apresentadas.

A seguir, apresentamos o questionário proposto por Nahas (2006) para avaliar o estilo de vida.

PENTÁCULO DO BEM-ESTAR

Os itens a seguir representam características do estilo de vida relacionadas ao bem-estar individual. Manifeste-se sobre cada afirmação considerando a escala:

[0] absolutamente **não** faz parte do seu estilo de vida.

[1] **às vezes** corresponde ao seu comportamento.

[2] **quase sempre** verdadeiro no seu comportamento.

[3] a afirmação é **sempre** verdadeira no seu dia a dia; faz parte do seu estilo de vida.

Componente: Nutrição

[ ] a. Sua alimentação diária inclui pelo menos 5 porções de frutas e hortaliças.

[ ] b. Você evita ingerir alimentos gordurosos (carnes gordas, frituras) e doces.

[ ] c. Você faz de 4 a 5 refeições variadas ao dia, incluindo café da manhã completo.

Componente: Atividade física
[ ] d. Você realiza ao menos 30 minutos de atividades físicas moderadas/intensas, de forma contínua ou acumulada, em 5 ou mais dias na semana.
[ ] e. Ao menos duas vezes por semana você realiza exercícios que envolvam força e alongamento muscular.
[ ] f. No seu dia a dia, você caminha ou pedala como meio de transporte e, preferencialmente, usa as escadas em vez do elevador.

Componente: Comportamento preventivo
[ ] g. Você conhece sua pressão arterial, seus níveis de colesterol e procura controlá-los.
[ ] h. Você não fuma e não ingere álcool (ou ingere com moderação).
[ ] i. Você respeita as normas de trânsito (como pedestre, ciclista ou motorista); se dirige, usa sempre cinto de segurança e nunca ingere álcool.

Componente: Relacionamentos
[ ] j. Você procura cultivar amigos e está satisfeito com seus relacionamentos.
[ ] k. Seu lazer inclui encontros com amigos, atividades esportivas em grupo e participação em associações ou entidades sociais.
[ ] l. Você procura ser ativo em sua comunidade, sentindo-se útil no seu ambiente social.

Componente: Controle do estresse
[ ] m. Você reserva tempo (ao menos 5 minutos) todos os dias para relaxar.
[ ] n. Você mantém uma discussão sem alterar-se, mesmo quando contrariado.
[ ] o. Você equilibra o tempo dedicado ao trabalho com o tempo dedicado ao lazer.

Considerando suas respostas aos 15 itens, procure colorir a figura a seguir, construindo uma representação visual do seu estilo de vida atual.

- Deixe em branco se você marcou zero para o item;
- Preencha do centro até o primeiro círculo se marcou [1];
- Preencha do centro até o segundo círculo se marcou [2];
- Preencha do centro até o terceiro círculo se marcou [3].

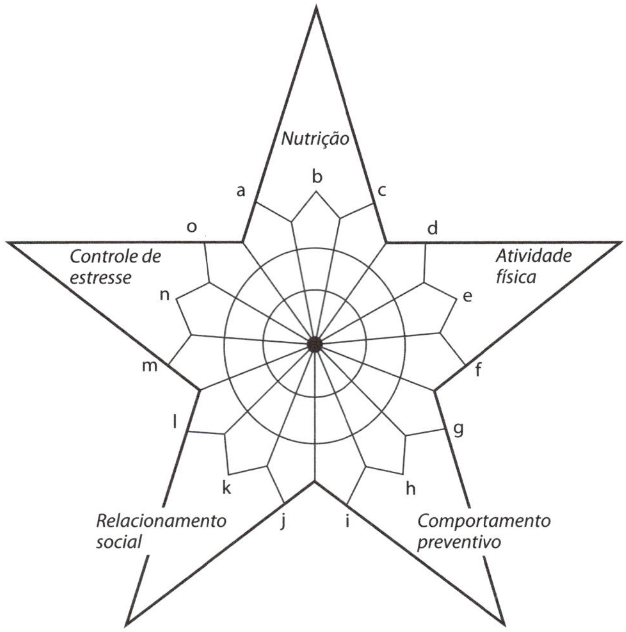

Figura 7.2 – Representação visual do Pentáculo do bem-estar.

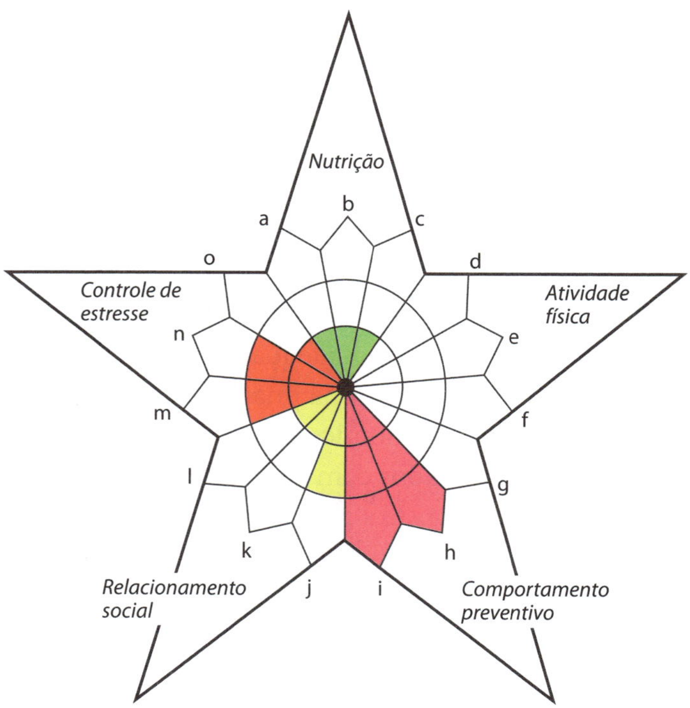

Figura 7.3 – Exemplo de Pentáculo do bem-estar preenchido.

Mediante a representação visual do Pentáculo do bem-estar, pode-se ter uma dimensão do estilo de vida das pessoas em seus cinco componentes, identificando, se for o caso, em quais setores são necessárias mudanças de comportamento para melhorar as condições de vida e de promoção da saúde. As ações socioeducativas e o trabalho coletivo são fundamentais para obtenção de resultados positivos.

Conforme discutimos, as condições de trabalho interferem de modo significativo na qualidade de vida das pessoas; para melhorar a relação entre homem e trabalho, foram desenvolvidas as Análises Ergonômicas do Trabalho (AET).

Na atualidade, são inúmeros os instrumentos utilizados nas avaliações ergonômicas. Dentre todos, é fundamental usar protocolos que avaliem as condições de segurança e conforto dos postos de trabalho, como os sugeridos por Couto (2002). No caso específico do nosso trabalho de Educadores Físicos que atuam em ginástica laboral, adotamos como principal método utilizado o REBA (*Rapid Entire Body Assessment*), elaborado pelos autores Hignett e McAtamney (2000), que se propõe a avaliar o risco ergonômico das principais posturas adotadas na execução das tarefas laborais.

e) Avaliação do risco ergonômico postural – Método REBA (Hignett e McAtamney, 2000)

O protocolo de avaliação do Método REBA apresenta dois grupos: A e B. No Grupo A, são avaliados tronco, pescoço (cervical) e pernas, enquanto o Grupo B avalia braços, antebraços e punhos. Cada segmento corporal é avaliado quanto ao seu grau de flexão, extensão, rotação, flexão lateral, suporte unilateral ou bilateral (para pernas) e abdução, sendo atribuída uma pontuação correspondente ao ângulo da posição articular.

Primeiramente, deve-se observar a rotina de trabalho da função avaliada, almejando identificar a postura mais inadequada e aquela adotada com maior frequência. Em seguida, deve-se fazer uma imagem fotográfica e, de posse dela, realiza-se a avaliação do risco ergonômico postural de acordo com os ângulos que, por sua vez, devem ser avaliados com o auxílio de um transferidor.

Na descrição do protocolo, consta a pontuação específica referente à posição do segmento corporal. Para facilitar o entendimento, vamos simular uma situação de avaliação e descreveremos alguns exemplos:

1) No nosso exemplo, vamos considerar que o tronco encontra-se a uma flexão de 45° e há torção/rotação de tronco:

TRONCO		
Movimento	**Escore**	**Alteração de escore**
Ereto	1	**+1 se houver torção ou inclinação lateral**
0° a 20° de flexão 0° a 20° de extensão	2	
20° a 60° de flexão 20° a 60° de extensão	3	
> 60° de flexão	4	
Pontuação: 3 + 1 = 4 pontos		

2) Deve-se adotar o mesmo procedimento para identificar a pontuação de cada segmento corporal.

3) Após a etapa anterior, deve-se identificar a pontuação do Grupo A (tronco, pescoço e pernas) e do Grupo B (braços, antebraços e punhos) com base, respectivamente, nas Tabelas A e B. A seguir, apresentamos um exemplo para que se possa identificar a pontuação nessas tabelas.

Consideremos que os ângulos da posição adotada pelos segmentos corporais pertencentes à Tabela A sejam estes: tronco (4), pescoço (2) e pernas (3).

3.1) Inicialmente, deve-se identificar na tabela os resultados de cada segmento, iniciando com o pescoço (números em cor laranja). Se o resultado foi 2, o resultado das pernas (números em cor verde) deve ser identificado na escala de 1 a 4 posicionada abaixo do número 1. Nesse caso, o resultado do pescoço foi 2; portanto, o resultado das pernas (3) foi identificado abaixo do número 2. Por último, identifica-se o resultado do segmento tronco (números em cor azul), em uma escala de 1 a 5 (no exemplo, o resultado escolhido foi 4).

Exemplo: pescoço = 2; pernas = 3; tronco = 4

TABELA A												
Tronco	**Pescoço**											
	1				**2**				3			
Pernas	1	2	3	4	1	2	**3**	4	1	2	3	4
1	1	2	3	4	1	2	3	4	3	3	5	6
2	2	3	4	5	3	4	5	6	4	5	6	7
3	2	4	5	6	4	5	6	7	5	6	7	8
4	3	5	6	7	5	6	7	8	6	7	8	9
5	4	6	7	8	6	7	8	9	7	8	9	9

3.2) Após marcar os resultados na Tabela A, deve-se identificar a correlação entre eles. Para tanto, deve-se traçar uma linha vertical partindo do resultado do segmento pernas, e uma linha horizontal partindo do segmento tronco (ambas em cor amarela na tabela). No ponto em que as duas linhas se cruzam encontra-se o resultado da Tabela A – que, no exemplo, equivale a 7 (em vermelho).

TABELA A												
Tronco	**Pescoço**											
	1				**2**				3			
Pernas	1	2	3	4	1	2	**3**	4	1	2	3	4
1	1	2	3	4	1	2	3	4	3	3	5	6
2	2	3	4	5	3	4	5	6	4	5	6	7
3	2	4	5	6	4	5	6	7	5	6	7	8
4	3	5	6	7	5	6	7	8	6	7	8	9
5	4	6	7	8	6	7	8	9	7	8	9	9

Resultado da Tabela A = 7 pontos.

Ainda sobre a Tabela A, para situações em que há transporte de carga:

0	1	2	+ 1
< 5 kg	5 kg – 10 kg	> 10 kg	alteração rápida ou brusca de postura

3.3) Supondo que neste exemplo haja transporte de carga (de 5 kg a 10 kg) e mudanças posturais bruscas, deve-se acrescentar ao resultado 1 ponto pelo peso transportado e 1 ponto pela mudança brusca de postura.

Resultado da Tabela A = 7 + 1 + 1 = 9 pontos.

4) Após avaliar o resultado da Tabela A, analisam-se os resultados da Tabela B, seguindo as mesmas instruções. Nela, serão correlacionados os segmentos do Grupo B (braço, antebraço e punho) (p.134) e poderá ser acrescentado ao seu resultado a pontuação correspondente ao tipo de agarre ou pega. Acrescenta-se 1 ponto se o agarre for regular, 2 se for mau e 3 se for inaceitável.

Após identificar os resultados da Tabela A e B, os respectivos dados serão utilizados na Tabela C.

5) A terceira etapa do processo de avaliação por meio desse método corresponde à interligação entre as Tabelas A e B, a ser realizada na Tabela C. Para exemplificar, vamos considerar os seguintes resultados:

Tabela A (Escore A): 9 pontos

Tabela B (Escore B): 8 pontos

TABELA C

		Escore B											
		1	2	3	4	5	6	7	**8**	9	10	11	12
Escore A	1	1	1	1	2	3	3	4	5	6	7	7	7
	2	1	2	2	3	4	4	5	6	6	7	7	8
	3	2	3	3	3	4	5	6	7	7	8	8	8
	4	3	4	4	4	5	6	7	8	8	9	9	9
	5	4	4	4	5	6	7	8	8	9	9	9	9
	6	6	6	6	7	8	8	9	9	10	10	10	10
	7	7	7	7	8	9	9	9	10	10	11	11	11
	8	8	8	8	9	10	10	10	10	10	11	11	11
	9	9	9	9	10	10	10	11	**11**	11	12	12	12
	10	10	10	10	11	11	11	11	12	12	12	12	12
	11	11	11	11	12	12	12	12	12	12	12	12	12
	12	12	12	12	12	12	12	12	12	12	12	12	12

Resultado da Tabela C = 11 pontos

6) A este resultado pode-se acrescentar a seguinte pontuação, de acordo com o escore da atividade:

Escore da atividade	
+ 1 ponto	uma ou mais partes do corpo estática (por exemplo suportadas por mais de um minuto)
+ 1 ponto	movimentos repetitivos (por exemplo repetição superior a 4 vezes/minuto)
+ 1 ponto	mudanças posturais importantes ou posturas instáveis

Para o exemplo em questão, vamos considerar que há a presença de postura estática e de movimentos repetitivos.

Chega-se, então, ao escore final:

Resultado da Tabela C = 11 pontos + 1 + 1 = **13 pontos**

Após chegar ao resultado final, a interpretação do risco ergonômico da postura adotada é feita com base na tabela a seguir:

Nível de ação	Pontuação	Nível de risco	Intervenção e posterior análise
0	1	Inapreciável	Não necessária
1	1-2	Baixo	Pode ser necessário
2	4-7	Médio	Necessário
3	8-10	Alto	Necessário em breve
4	11-15	Muito alto	Atuação imediata

Com base no resultado, deve-se fazer uma análise detalhada de acordo com as exigências da NR-17. As adequações do posto de trabalho devem ser realizadas para minimizar/sanar as inadequações apontadas pela avaliação ergonômica.

A seguir, o protocolo do Método REBA na íntegra.

MÉTODO REBA (Hignett e McAtamney, 2000)

GRUPO A: tronco, pescoço e pernas

TRONCO		
Movimento	**Escore**	**Alteração de escore**
Ereto	1	+ 1 se torção ou inclinação lateral
0° a 20° flexão 0° a 20° extensão	2	
20° a 40° flexão 20° a 40° extensão	3	
> 40° flexão	4	

L3/L4: vértebra 3 e 4 da coluna lombar

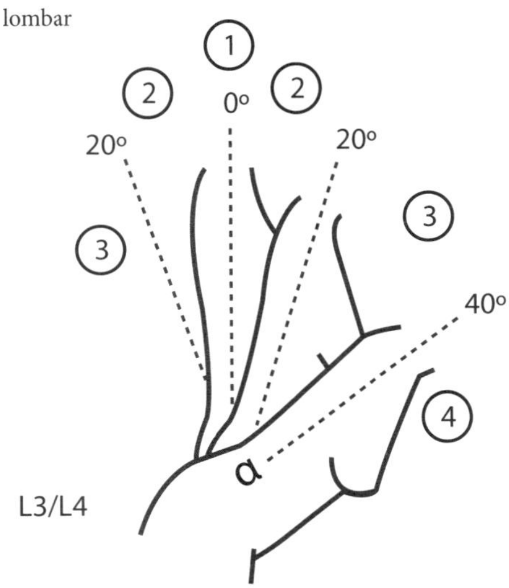

PESCOÇO		
Movimento	**Escore**	**Alteração de escore**
0° a 20° flexão	1	+ 1 se torção ou inclinação lateral
> 20° flexão ou extensão	2	

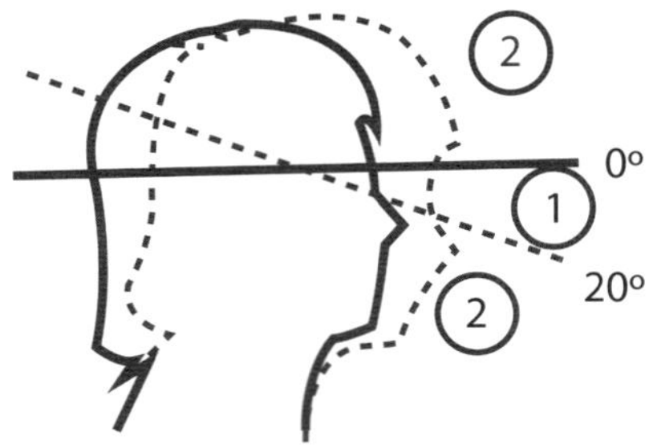

PERNAS		
Posição	**Escore**	**Alteração de escore**
Distribuição bilateral do peso, sentado ou em pé	1	+ 1 se joelho(s) em flexão entre 30° e 60° + 2 se joelhos > 60° em flexão (sem sentar – em pé)
Distribuição unilateral do peso Peso leve distribuído ou postura instável	2	

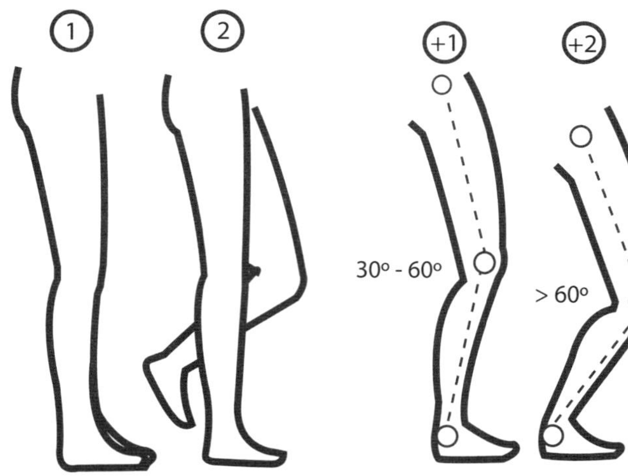

GRUPO B: braço, antebraço e punho

BRAÇOS		
Posição	**Escore**	**Alteração de escore**
20° em extensão a 20° em flexão	1	+ 1 se braço em: abdução rotação + 1 se ombros elevados – 1 se apoiado, suporte para o peso do braço ou a postura é facilitada pela gravidade
> 20° em extensão 20° a 45° flexão	2	
45° a 90° flexão	3	
> 90° flexão	4	

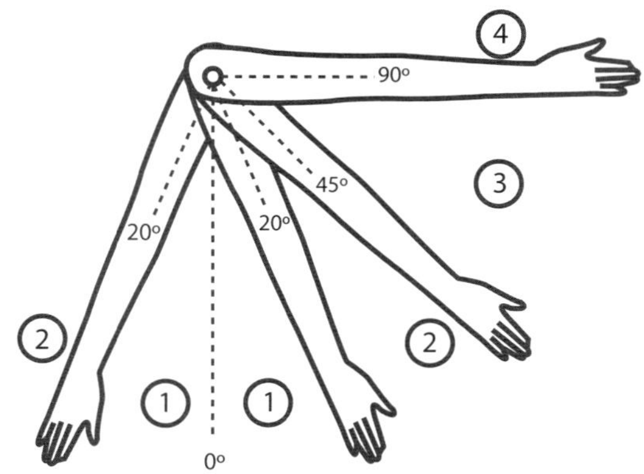

ANTEBRAÇOS	
Movimento	**Escore**
60° a 100° flexão	1
< 60° flexão ou > 100° flexão	2

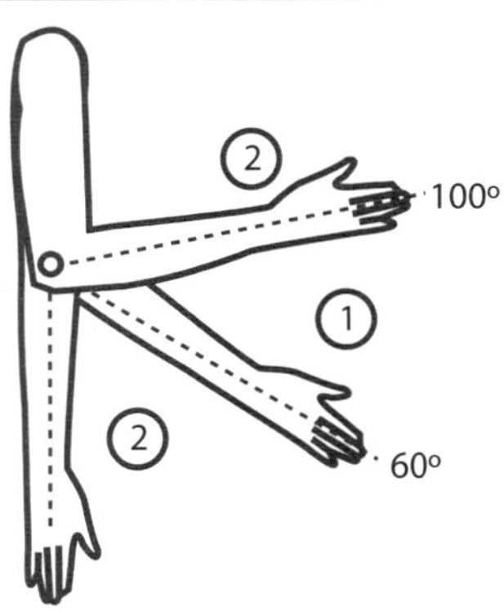

PUNHOS		
Movimento	**Escore**	**Alteração de escore**
0º a 15º flexão/extensão	1	+ 1 se punho é desviado ou rotacionado
> 15º flexão/extensão	2	

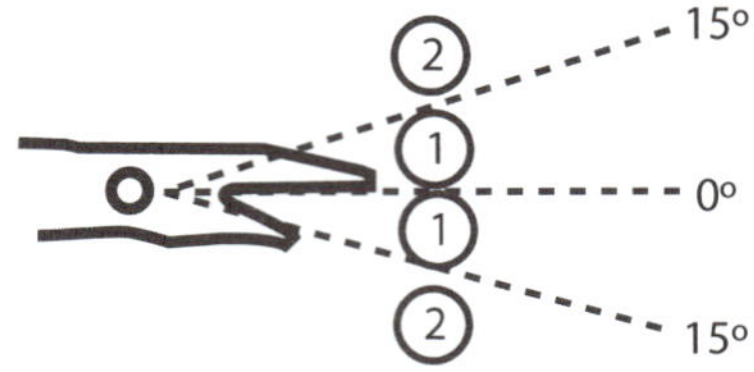

TABELA A												
Tronco	**Pescoço**											
	1				2				3			
Pernas	1	2	3	4	1	2	3	4	1	2	3	4
1	1	2	3	4	1	2	3	4	3	3	5	6
2	2	3	4	5	3	4	5	6	4	5	6	7
3	2	4	5	6	4	5	6	7	5	6	7	8
4	3	5	6	7	5	6	7	8	6	7	8	9
5	4	6	7	8	6	7	8	9	7	8	9	9

Carga/Força			
0	1	2	3
< 5 kg	5 a 10 kg	> 10 kg	contração ou rápida execução de força

TABELA B						
Braço	**Antebraço**					
	1			2		
Punho	1	2	3	1	2	3
1	1	2	3	1	2	3
2	1	2	3	2	3	4
3	3	4	5	4	5	5
4	4	5	5	5	6	7
5	6	7	8	7	8	8
6	7	8	8	8	9	9

Interface			
0 - Bom	1 - Aceitável	2 - Pobre	3 - Inaceitável
Boa preensão a médio alcance, boa força de agarre.	Preensão aceitável mas não ideal ou interface aceitável via outra parte do corpo.	Preensão inaceitável, apesar de possível.	Desfavorável, preensão insegura, sem cabos, manetes. Interface inaceitável utilizando outras partes do corpo.

TABELA C													
		Escore B											
		1	2	3	4	5	6	7	8	9	10	11	12
Escore A	1	1	1	1	2	3	3	4	5	6	7	7	7
	2	1	2	2	3	4	4	5	6	6	7	7	8
	3	2	3	3	3	4	5	6	7	7	8	8	8
	4	3	4	4	4	5	6	7	8	8	9	9	9
	5	4	4	4	5	6	7	8	8	9	9	9	9
	6	6	6	6	7	8	8	9	9	10	10	10	10
	7	7	7	7	8	9	9	9	10	10	11	11	11
	8	8	8	8	9	10	10	10	10	10	11	11	11
	9	9	9	9	10	10	10	11	11	11	12	12	12
	10	10	10	10	11	11	11	11	12	12	12	12	12
	11	11	11	11	12	12	12	12	12	12	12	12	12
	12	12	12	12	12	12	12	12	12	12	12	12	12

Escore da Atividade	
+ 1	1 ou mais partes do corpo está(ão) estática(s). Ex.: segurar um objeto por mais de 1 minuto
+ 1	Ações repetidas a pequenas distâncias. Ex.: repetições de mais de 4 vezes por minuto (excluída caminhada)
+ 1	A ação causa mudanças rápidas e grandes nas posturas ou uma desestabilização

CÁLCULO FINAL

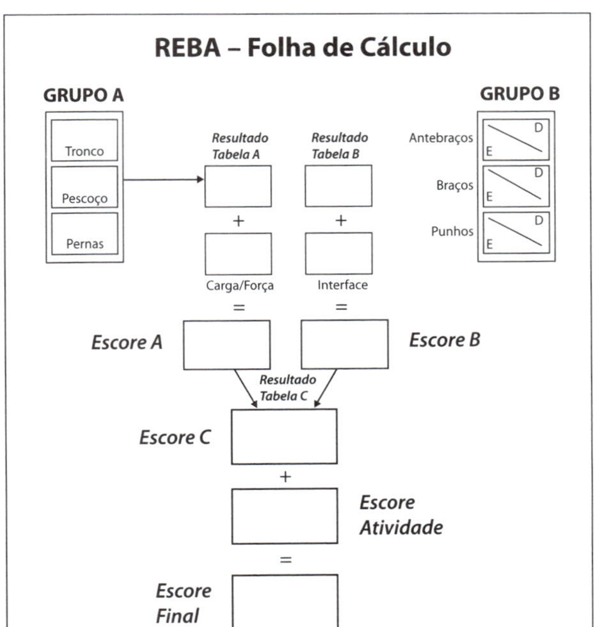

Figura 7.4 – Esquema para obtenção do cálculo final.

INTERPRETAÇÃO DO CÁLCULO FINAL

NÍVEL DE AÇÃO	ESCORE REBA	NÍVEL DE RISCO	AÇÃO (incluindo nova avaliação)
0	1	Negligenciável	Desnecessária
1	2-3	Baixo	Pode ser necessária
2	4-7	Médio	Necessária
3	8-10	Alto	Necessária em breve
4	11-15	Muito alto	Necessária agora

Outra avaliação pertinente é a de flexibilidade. No nosso caso, adotamos o protocolo do Flexiteste, descrito na sequência.

f) Teste de flexibilidade - Protocolo do Flexiteste (Araújo, 1987 apud Dantas, 1999)

O Flexiteste é considerado um dos instrumentos mais utilizados pelos profissionais de Educação Física para mensurar os níveis de flexibilidade (Rocha, 2004). O protocolo utiliza-se de alongamento passivo, ou seja, com o auxílio de outra pessoa (no caso, o avaliador), para identificar o ângulo de amplitude articular. São vinte movimentos corporais que abrangem as articulações de tornozelo, joelho, quadril, tronco, punho, cotovelo e ombro. O ângulo de amplitude de cada movimento é avaliado por meio de uma escala crescente de valores inteiros que varia de 0 a 4.

A amplitude das medidas realizadas para cada movimento são mensuradas da seguinte forma:

0 = muito pequena
1 = pequena
2 = média
3 = grande
4 = muito grande

As posições intermediárias entre dois valores quaisquer são medidas pelo menor valor. Se em um movimento o avaliado ficar entre as posições 1 e 2, ele será medido como grau 1. A seguir, estão contemplados os vinte movimentos articulares no protocolo do Flexiteste (Dantas, 1999, p. 315-324).

MODELO DE PROTOCOLO DO FLEXITESTE (DANTAS, 1999)

Movimento I (flexão dorsal do tornozelo)

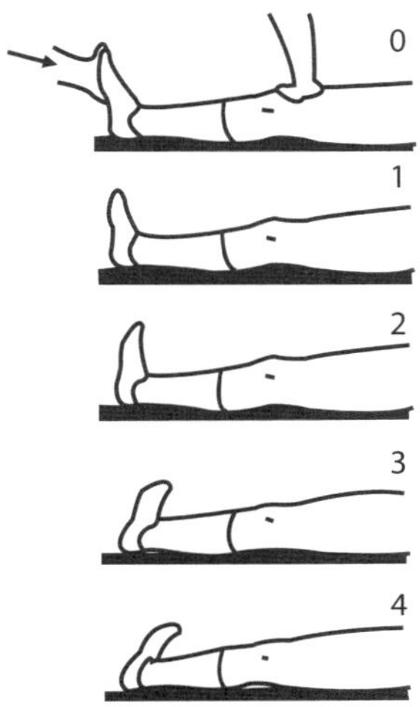

Movimento II (flexão plantar do tornozelo)

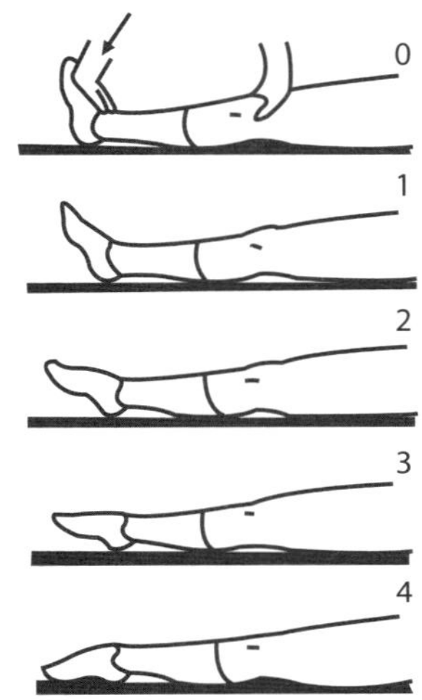

Movimento III (flexão dorsal do joelho)

Movimento IV (extensão do joelho)

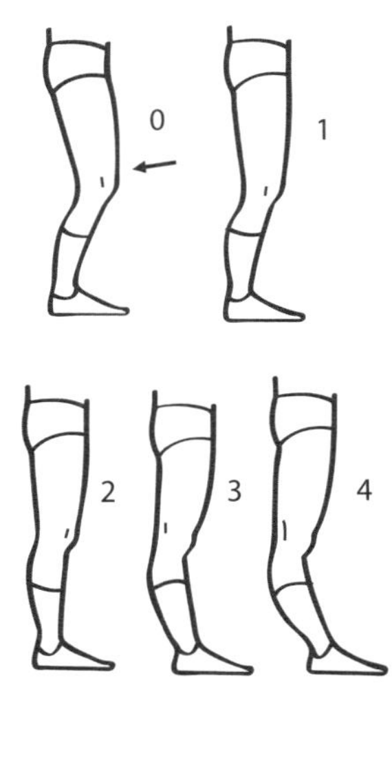

Movimento V (flexão do quadril)

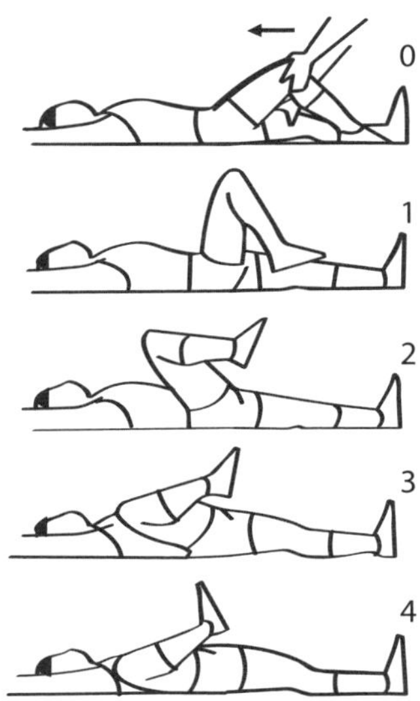

Movimento VI (extensão do quadril)

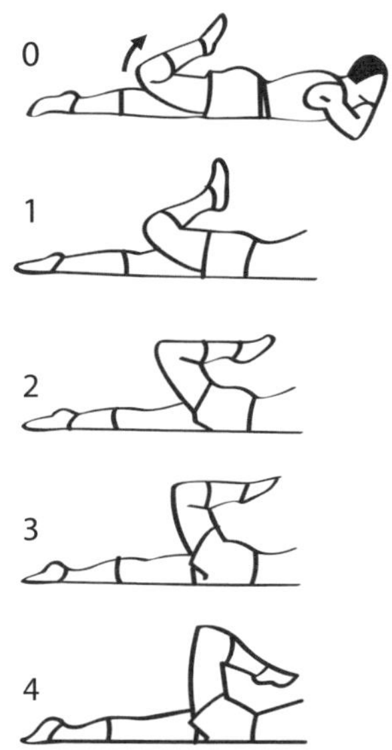

Movimento VII (adução do quadril)

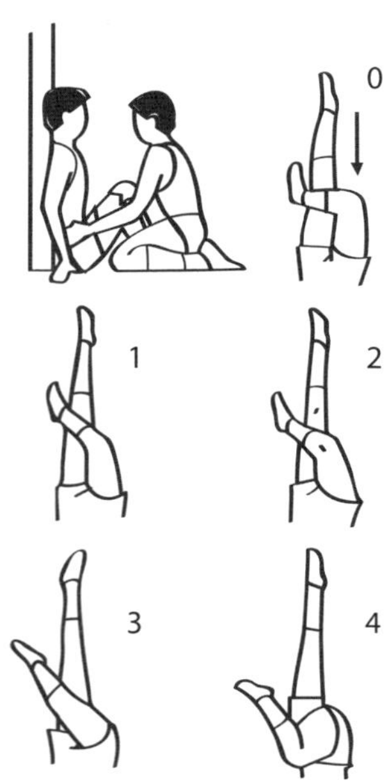

Movimento VIII (abdução do quadril)

Movimento IX (flexão do tronco)

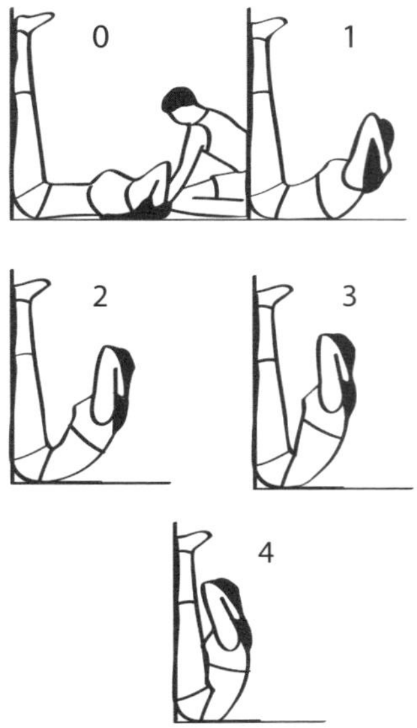

Movimento X (extensão do tronco)

Movimento XI (flexão lateral do tronco)

Movimento XII (flexão lateral do punho)

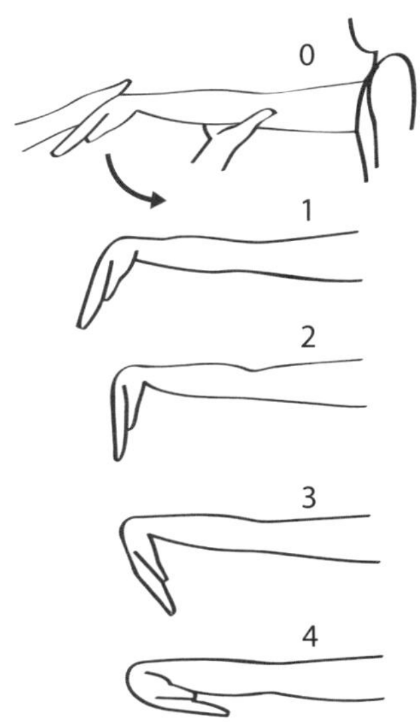

Movimento XIII (extensão do punho)

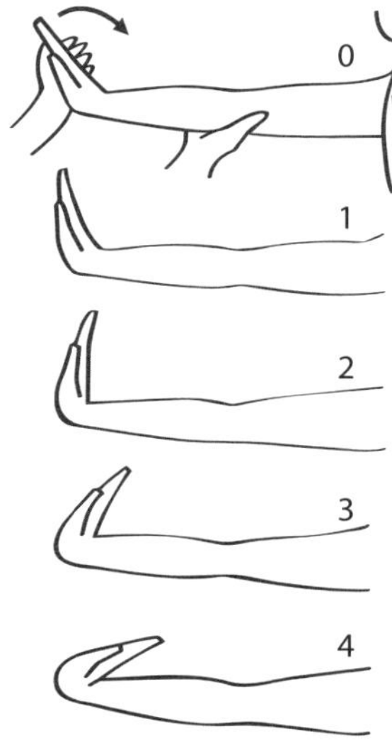

Movimento XIV (flexão do cotovelo)

Movimento XV (extensão do cotovelo)

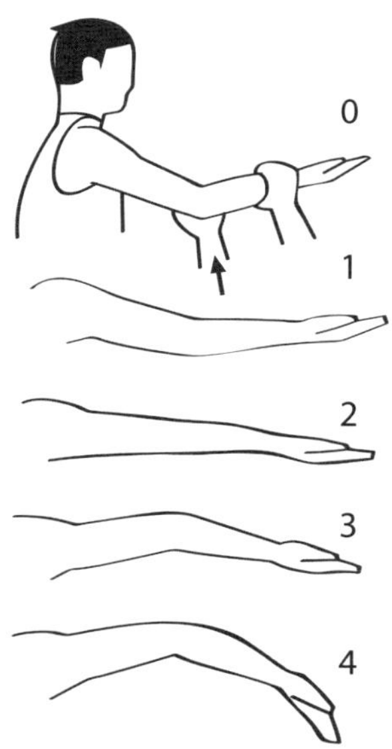

Movimento XVI
(adução posterior a partir
da abdução de 180º no ombro)

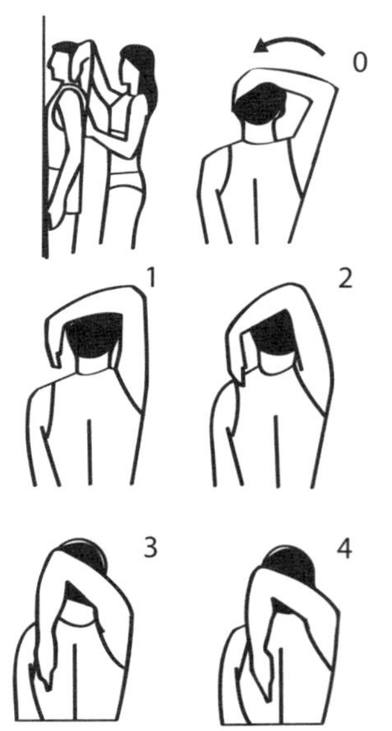

Movimento XVII
(extensão + abdução posterior do ombro)

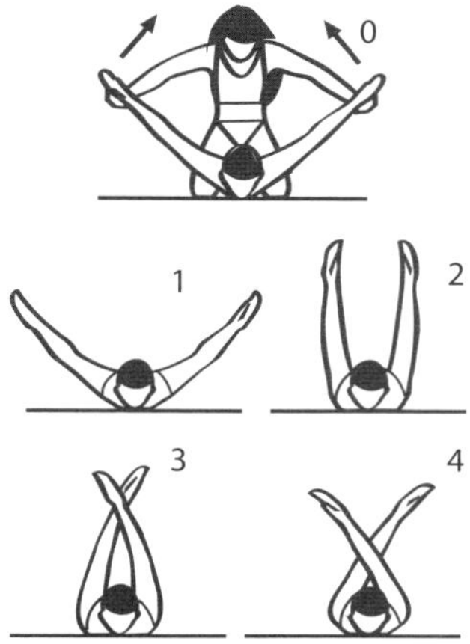

Movimento XVIII
(extensão posterior do ombro)

Movimento XIX
(rotação lateral do ombro abduzido a 90º e cotovelo fletido a 90º)

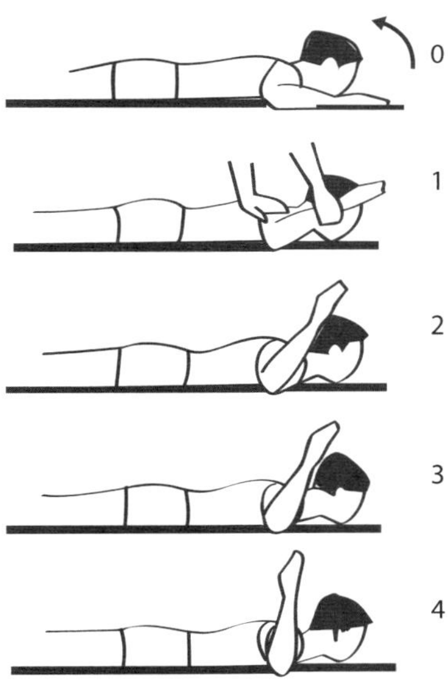

Movimento XX
(rotação medial do ombro abduzido a 90º e cotovelo fletido a 90º)

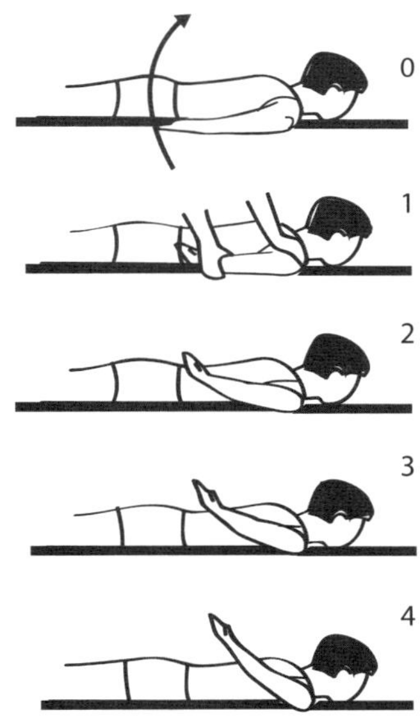

FIGURA 7.5 – Protocolo do Flexiteste.
Fonte: Dantas (1999).

Executados os vinte movimentos isolados, a soma dos graus resultará no resultado global da flexibilidade – chamado flexíndice –, que está contido na tabela a seguir:

Tabela 7.1 – Classificação de Flexíndice

Classificação	Somatório dos vinte movimentos
Deficiente	Menor ou igual a 20
Fraco	21 a 30
Médio (–)	31 a 40
Médio (+)	41 a 50
Bom	51 a 60
Excelente	Maior que 60

Fonte: Araújo (1987 apud Dantas, 1999, p. 128).

Para anotar os resultados do Flexiteste de cada avaliado, adotamos a seguinte ficha de avaliação.

Ficha de Avaliação – Flexiteste (Araújo, 1987 apud Dantas, 1999, p. 128)

Nome do Avaliado: ________________________________

Data da Avaliação: _____/_____/_____

Movimento	0	1	2	3	4
Movimento I – Flexão dorsal do tornozelo					
Movimento II – Flexão plantar do tornozelo					
Movimento III – Flexão dorsal do joelho					
Movimento IV – Extensão do joelho					
Movimento V – Flexão do quadril					
Movimento VI – Extensão do quadril					
Movimento VII – Adução do quadril					
Movimento VIII – Abdução do quadril					
Movimento IX – Flexão do tronco					
Movimento X – Extensão do tronco					
Movimento XI – Flexão lateral do tronco					
Movimento XII – Flexão do punho					
Movimento XIII – Extensão do punho					
Movimento XIV – Flexão do cotovelo					
Movimento XV – Extensão do cotovelo					
Movimento XVI – Adução posterior a partir da abdução de 180° no ombro					
Movimento XVII – Extensão + abdução posterior do ombro					
Movimento XVIII – Extensão posterior do ombro					
Movimento XIX – Rotação lateral do ombro abduzido a 90° e cotovelo fletido a 90°					
Movimento XX – Rotação medial do ombro abduzido a 90° e cotovelo fletido a 90°					
SOMA DOS RESULTADOS					
PONTUAÇÃO FINAL					
CLASSIFICAÇÃO DO FLEXÍNDICE					

Outro importante parâmetro para mensurar os resultados obtidos com a ginástica laboral e os Programas de Qualidade de Vida no Trabalho refere-se ao índice de satisfação dos trabalhadores participantes. Nesse intuito, desenvolvemos um modelo de Pesquisa de Satisfação que pode ser aplicado semestral ou anualmente.

g) Pesquisa de satisfação

O questionário da Pesquisa de Satisfação tem o propósito de identificar a satisfação dos trabalhadores, bem como investigar possíveis reclamações e sugestões. É mais uma forma de tornar o processo participativo e democrático. A seguir, apresentamos um modelo de questionário.

PESQUISA DE SATISFAÇÃO

Programa de Ginástica Laboral

Nome (opcional): ______ Empresa: ______ Função: ______ Data: __/__/__
1- Qual sua opinião sobre o desempenho do Programa de Ginástica Laboral (PGL)?
2- Atribua uma nota de 01 a 06 ao PGL:
3- O que você mais gosta no PGL?
4- O que você considera mais importante no PGL?
5- O que você considera que deve melhorar no PGL?
6- O que você gostaria que fosse trabalhado no PGL?

Após apresentar alguns modelos de avaliação utilizados para mensurar os resultados obtidos com a prática da ginástica laboral, apresentaremos instruções para elaboração do relatório.

7.5 Elaboração de relatório

O relatório do Programa de Ginástica Laboral é um importante documento, o qual apresentará os objetivos, as ações e os resultados obtidos. Por meio dele, será possível imprimir a imagem do trabalho desenvolvido, apontar os benefícios e destacar a relevância e a contribuição do programa no processo de gestão e de qualidade de vida no trabalho.

A elaboração do relatório segue critérios próprios de acordo com as características de cada organização, porém, consideramos a inclusão de alguns itens indispensáveis e aproveitamos para detalhá-los nos passos descritos na sequência.

a) Dados gerais de identificação: Empresa, departamento, período avaliado e profissional responsável.

b) Objetivo anual: O Programa de Ginástica Laboral precisa ter objetivos bem definidos, elaborados de forma conjunta e considerando a necessidade dos trabalhadores e da empresa. Do início ao final do ano, apresenta-se no relatório esse mesmo propósito, destacando as ações que vão sendo adotadas para que o a meta seja alcançada. No último relatório do ano, desenvolve-se uma análise do programa durante todo o período em que foi aplicado e constando os resultados atingidos.

c) Objetivo trimestral: Tendo traçado o objetivo anual, para que este seja alcançado, recomendamos que sejam elaborados objetivos mais específicos, a serem buscados trimestralmente.

d) Ações desenvolvidas: Nesse item contemplam-se as categorias das atividades propostas no Programa de Ginástica Laboral. Consideramos três categorias principais para enquadrar as ações desenvolvidas durante as sessões de ginástica laboral: Atividades de integração e socialização, Medidas educativas ou de conscientização e Avaliações. Na descrição de cada um dos itens de atividades, todo o conteúdo deverá se fundamentar em evidências e expor os resultados esperados e as justificativas.

Atividades de integração e socialização:

- Atividade proposta: Atividades lúdicas e de grupo, sempre adaptadas à realidade e às necessidades do grupo.
- Objetivos: Estimular a integração e a socialização das pessoas, contribuindo para a melhora do clima organizacional, motivação, redução dos

níveis de estresse ocupacional e consequente ganho de qualidade de vida no trabalho.

- Resultados: Descrever como foi o envolvimento e a participação das pessoas, lembrando sempre de explicar as atividades (intuito e aplicação).
- Justificativa/Discussão fundamentada: Para consolidar a importância da ginástica laboral no contexto organizacional e na vida das pessoas, é preciso justificar as atividades realizadas, por meio de fundamentação em estudos científicos e em resultados alcançados com os programas.

Medidas educativas e de conscientização:

- Atividade proposta: Minipalestras, palestras, *folders*, cartazes, *e-mails*, entre outras ferramentas que sirvam para divulgar informações e orientações pertinentes.
- Objetivos: Ampliar o nível de informação e de consciência dos trabalhadores.
- Resultados: Os resultados serão evidenciados principalmente no comportamento relacionado aos cuidados com a saúde e de forma mais evidente na participação e motivação com o Programa de Ginástica Laboral.
- Justificativa/Discussão fundamentada: O trabalho de educação e conscientização é indispensável para se atingir resultados significativos.

Reforçando a necessidade da importância dos trabalhos de informação e conscientização, Limongi-França (2010) destaca que, na atualidade, as condições de saúde das pessoas são mais influenciadas pelo seu nível de informação e do estilo de vida adotado do que pelos recursos médicos e hospitalares disponíveis. Principalmente por dispormos, no Brasil, de um sistema de saúde voltado para o tratamento e não para a prevenção.

Avaliações:

- Avaliações realizadas no trimestre: Citar a(s) avaliação(ões) realizada(s).
- Objetivos: Descrever os objetivos da(s) avaliação(ões) realizada(s).
- Resultados: Apresentar os resultados das avaliações de forma dinâmica, preferencialmente na forma de gráficos e tabelas.
- Análise e discussão fundamentada: Os resultados apurados em cada avaliação requerem análise e uma discussão devidamente fundamentada em evidências e referenciais teóricos; caso existam avaliações anteriores, usá-las comparativamente a fim de apresentar a evolução da qualidade de vida no trabalho.

e) Comentário ergonômico: Item destinado à descrição das orientações ergonômicas realizadas no período, além da apresentação de avaliações feitas com enfoque ergonômico e de sugestões de melhoramento. Quando a empresa tem o setor de segurança do trabalho, as atividades de ordem ergonômicas devem ser desenvolvidas em conjunto com o técnico de segurança do trabalho.

f) Índice de absenteísmo no período: Fazer o levantamento mensal das taxas de absenteísmo da empresa é uma medida de extrema importância para nortear os objetivos do Programa de Ginástica Laboral e constatar dois fatores principais: as causas de adoecimento/afastamento e o custo gerado para a empresa.

É aconselhável apresentar dados que comprovem que a ginástica laboral auxilia na redução de custos operacionais. A tabela a seguir apresenta comparativos mensais do número de atestados médicos, faltas no trabalho, custo operacional e economia gerada no período de quatro meses.

Tabela 7.2 – Relação absenteísmo e custo operacional

Período	Atestados médicos	Faltas no trabalho	Custo operacional	Economia
Agosto	80	201	R$ 3.618,00	–
Setembro	Dados indisponíveis	190	R$ 3.420,00	R$ 198,00
Outubro	61	176	R$ 3.168,00	R$ 450,00
Novembro	31	143	R$ 2.574,00	R$ 594,00
Total	172	710	R$ 12.780,00	R$ 1.242,00

Fonte: Alves et al. (2001).

De acordo com os resultados apresentados, percebe-se uma significativa redução do número de atestados médicos, que inicialmente totalizou 80 casos, contra 31 no último mês. As faltas no trabalho caíram de 201 para 143 dias – embora um índice ainda significativo, proporcionou uma redução de R$ 1.242,00 no período. Obviamente, não podemos afirmar que essa mudança tenha sido provocada exclusivamente pela prática da ginástica laboral, pois existem inúmeros fatores influenciadores; pode-se constatar, no entanto, que houve uma redução significativa e gradativa.

Os dados apresentados por esse estudo foram apurados no período de agosto a novembro de 2008, durante a realização de um estágio em ginástica laboral por acadêmicos do curso de Educação Física da Universidade Católica Dom Bosco (UCDB). A empresa onde foi sediado o campo de estágio e a realização da pesquisa é do ramo de limpeza urbana; os participantes eram aproximadamente 100 trabalhadores que desempenhavam a função de gari.

g) Índice de participação: Embora a prática da ginástica laboral seja de adesão voluntária, faz-se necessário ter um controle do nível de participação, buscando identificar os motivos da não adesão, além de desenvolver constantemente medidas de conscientização, motivação e comprometimento.

Para apresentar o percentual de participação de forma direta e eficiente, deve-se ter uma ficha de participação por sessão, na qual constará o número exato de participantes, divididos de acordo com o setor ao qual pertencem. Quando a empresa tem um grande número de funcionários, pode-se pedir ajuda aos encarregados de cada setor. Ao final do semestre, calcula-se o percentual de participação por sessão e a média semestral, como no exemplo que segue:

Tabela 7.3 - Controle de Participação

Setores	**Datas das sessões de ginástica laboral - Abril/2011**							
	05/04	**07/04**	**12/04**	**14/04**	**19/04**	**22/04**	**26/04**	**28/04**
Escritórios (20)[17]	17	20	18	17	20	19	16	20
Fábrica (70)	60	65	66	68	67	60	65	70
Serviços gerais (10)	8	7	9	9	8	10	7	10
Número de participantes	90	97	97	94	95	94	88	100
% de participação[18]	85%	92%	92%	94%	95%	89%	88%	100%
Percentual de participação no período[19]								**91,87%**

h) Aspectos positivos: Apontar evidências de situações positivas que tenham ocorrido durante a prática da ginástica laboral. Pode-se recorrer a depoimentos e demais evidências de envolvimento por parte dos trabalhadores.

i) Sugestões de melhoramento: Sugerir ações que possam ser adotadas pela empresa para melhorar os resultados com a prática da ginástica laboral. A qualidade e a importância do trabalho realizado serão evidenciadas no relatório. O espaço/importância que a ginástica laboral vai ocupar no contexto da empresa depende muito da competência, do conhecimento, do envolvimento, da responsabilidade e da ética do profissional responsável pelo Programa de Ginástica Laboral, assim como da constatação de resultados positivos.

---

17 Referente ao número de pessoas que trabalham no setor.

18 Para calcular o percentual de participação por sessão, deve-se somar o número total de participantes por sessão realizada, depois aplicar regra de três com o número total de trabalhadores. Por exemplo, se a empresa tem 100 funcionários e 85 participaram da sessão, o percentual de participação foi de 85%.

19 O percentual de participação do período refere-se à média do percentual de participação por sessão durante todo o período avaliado. Todos os percentuais são somados e divididos pelo número de sessões realizadas no período.

j) Considerações: Para finalizar o relatório, sugere-se a descrição objetiva de considerações pertinentes.

No próximo item, abordaremos as medidas adotadas para a manutenção do Programa de Ginástica Laboral.

7.6 Manutenção do PGL

A manutenção dos Programas de Ginástica Laboral – ou de programas com maior abrangência, como os de qualidade de vida no trabalho –, passam, necessariamente, pelo planejamento, com objetivos e metas bem delimitados, para chegar à integração das propostas do programa com as demais medidas adotadas pela empresa. É vital se ater a um ciclo de ações: avaliar, analisar, planejar e executar.

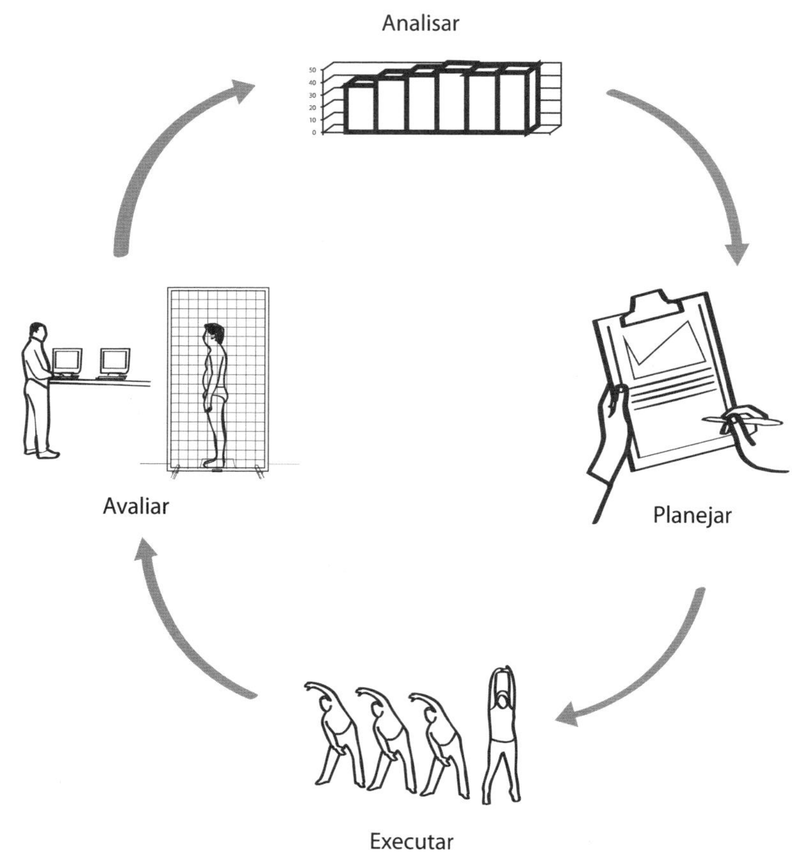

Figura 7.6 – Ciclo de ações: avaliar – analisar – planejar – executar.

De acordo com os resultados das avaliações e com base nas análises, os rumos que nortearão o PGL deverão ser planejados. A aplicação desse ciclo é uma constante para que se mantenham programas com êxito e que contem com a participação e satisfação dos trabalhadores.

É natural identificar variações nos níveis de interesse e motivação dos trabalhadores com a prática da ginástica laboral. Quando percebemos que está havendo uma redução desse índice, devemos introduzir um novo elemento motivacional, que pode ser a abordagem de uma nova temática nas ações educativas, novas atividades para as sessões, uma avaliação ou uma palestra. São inúmeras as ferramentas que podem e devem ser utilizadas para que a prática da ginástica laboral não caia na monotonia e continue despertando interesse e apresentando bons resultados.

CONSIDERAÇÕES FINAIS

Assim como o mundo corporativo busca constantemente alternativas para adequar-se às exigências e necessidades da realidade atual, nós, enquanto profissionais/acadêmicos, precisamos estar prontos para prestar um serviço que atenda com excelência a essa demanda de mercado. A ginástica laboral e a ergonomia, aliadas às representações sociais, são medidas diferenciadas e de resultado comprovado, que contribuem para a humanização no ambiente corporativo e melhoram as condições de vida, de saúde e de trabalho das pessoas.

As aplicações da ginástica laboral e da ergonomia têm se tornado importantes ferramentas na promoção da saúde e na prevenção de doenças, especialmente quando atingem seus objetivos, reduzindo dores e desconfortos musculares e níveis de absenteísmo, além de auxiliar na consciência postural dos trabalhadores, na motivação e no aperfeiçoamento do espírito de equipe que os cerca.

O profissional de Educação Física responsável pelo PGL deve ter um olhar amplo do contexto de trabalho para ter condições de entender a origem dos problemas ocupacionais, principalmente no que se refere ao adoecimento, aos acidentes e ao clima organizacional.

Todas as ações adotadas em ginástica laboral e ergonomia devem envolver os diferentes níveis hierárquicos da empresa, garantindo condições para a sua efetivação, bem como o profissional de ginástica laboral deve apresentar aos gestores os objetivos e resultados na forma de relatório, para efetiva avaliação e comprovação dos resultados do PGL.

Acima de tudo, a ginástica laboral é uma ferramenta com múltiplas possibilidades de desenvolvimento. Cabe a nós, profissionais, trabalharmos para que, por meio dela, consigamos os melhores resultados.

REFERÊNCIAS

ACHOUR JUNIOR, A. Alongamento e aquecimento: aplicabilidade da performance atlética. *Revista da Associação dos Professores de Educação Física de Londrina*, v. 10, n. 18, p. 50-65, 1995.

ALBUQUERQUE, L. G. Competitividade e recursos humanos. *Revista de Administração da USP*, v. 27, n. 4, p. 16-29, out./dez. 1992.

ALVES, A. H. F. et al. Ginástica laboral: implicações no ambiente ocupacional de coletores urbanos de Campo Grande, MS. *EFDeportes.com*, *Revista Digital*, Buenos Aires, ano 10, n. 153, fev. 2011. Disponível em: <http://www.efdeportes.com/efd153/ginastica-laboral-no-ambiente--ocupacional-de-coletores.htm>. Acesso em: 21 mar. 2011.

AMORIM, E.; BLANCO, M. (Org.). *O SESC e a qualidade de vida dos comerciários*: à procura de novos conceitos e marcos teóricos. Rio de Janeiro: SESC, Departamento Nacional, 2007.

ANDRADE, A. L. LER: uma nova visão da doença. *Revista Fenacon*, ano 10, n. 54, p. 14-16, 2000.

ANTUNES, R. *Adeus ao trabalho?*: ensaios sobre as metamorfoses e a centralidade do mundo do trabalho. São Paulo: Cortez, 1999.

ARAÚJO, J. N. G. A reinserção profissional de portadores de LER: questões institucionais e identitárias. In: ARAÚJO, J. N. G.; LIMA, F. P. A.; LIMA, M. E. A. (Org.). *L.E.R.*: dimensões ergonômicas, psicológicas e sociais. Belo Horizonte: Health, 1998. p. 277-288.

ARENDT, H. *A condição humana*. São Paulo: Forense, 2000.

ASSOCIAÇÃO BRASILEIRA DE ERGONOMIA. *O que é ergonomia*. Disponível em: <http://www.abergo.org.br/oqueeergonomia.htm>. Acesso em: 17 fev. 2011.

ASSOCIAÇÃO BRASILEIRA DE GINÁSTICA LABORAL. Disponível em <http://www.abgl.org.br/>. Acesso em: 10 nov. 2010.

ASSOCIAÇÃO BRASILEIRA DE STRESS. *Associação Brasileira de Stress*: quem somos? Disponível em: <http://www.abs-2003.org.br/sobre.html>. Acesso em: 12 maio 2009.

Beck, C. L. C.; Budó, M. L.; Bracini, M. A qualidade de vida na concepção de um grupo de professores de Enfermagem: elementos para reflexão. *Revista da Escola de Enfermagem*, São Paulo, v. 33, n. 4, p. 384-354, dez. 1999. Disponível em: <http://www.ee.usp.br/reeusp/upload/pdf/468.pdf>. Acesso em: 20 mar. 2008.

Biomet. *Artrite*. 1 figura JPG, color, 6,38 cm x 10 cm. Disponível em: <http://tbn2.google.com/images?q=tbn:MT8e5HPT8DqtMM:http://www.biomet.pt/userfiles/image/Hip-Arthritic(1).jpg>. Acesso em: 1º maio 2009a.

_____. *Artrite*. 1 figura JPG, color, 6,38 cm x 10 cm. Disponível em: <http://tbn2.google.com/images?q=tbn:IiWWiEl5ltxqCM:http://www.biomet.pt/userfiles >. Acesso em: 1º maio 2009b.

Boltanski, L. *As classes sociais e o corpo*. São Paulo: Graal, 2004.

Bourdieu, P. Gostos de classe e estilos de vida. In: Ortiz, R. (Org.). *Bourdieu*. São Paulo: Ática, 1983. (Coleção Grandes Cientistas Sociais, 39).

Brasil. Ministério do Trabalho e Emprego. *NR 1 - Disposições Gerais*. Brasília, 1983. Disponível em: <http://portal.mte.gov.br/data/files/FF8080812BE914E6012BEF0F7810232C/nr_01_at.pdf >. Acesso em: 21 jun. 2011.

_____. Ministério do Trabalho e Emprego. *NR 7 - Programa de Controle Médico de Saúde Ocupacional*. Brasília, 1994. Disponível em: <http://portal.mte.gov.br/data/files/FF8080814295F16D0142E2E773847819/NR-07%20%28atualizada%202013%29.pdf>. Acesso em: 21 jun. 2011.

_____. Ministério da Saúde. Departamento de Atenção Básica. Departamento de Ações Programáticas e Estratégicas. Área Técnica de Saúde do Trabalhador. *Saúde do trabalhador*. Brasília, 2001.

_____. Ministério da Saúde. Comissão Intersetorial de Saúde do Trabalhador. *3ª Conferência Nacional de Saúde do Trabalhador*. Brasília, 2005. Disponível em: <http://www.hc.ufmg.br/crest/downloads/Coletanea.pdf>. Acesso em: 11 jan. 2008.

Buss, P. M. Promoção da saúde e qualidade de vida. *Ciência & Saúde Coletiva*, Rio de Janeiro, v. 5, n. 1, p. 163-167, 2000.

Cañete, I. *Humanização*: desafio da empresa moderna. São Paulo: Ícone, 1996.

Chiavenato, I. *Introdução à teoria da administração*. Rio de Janeiro: Elsevier, 1993.

Clínica Deckers. *Tendinite do bíceps*. 1 figura JPG, color, 10,6 cm x 10 cm. Disponível em: <http://www.clinicadeckers.com.br/imagens/orientacoes/73_tend_bicips.jpg>. Acesso em: 16 dez. 2008.

Conselho Federal De Educação Física. *Movimento:* ginástica laboral, programas de exercícios nas empresas garantem saúde e qualidade de vida aos funcionários. 2007. Disponível em: <http://www.listasconfef.org.br/arquivos/MOVIMENTO/movimento1.pdf>. Acesso em: 18 mar. 2010.

Corlett, N.; Manenica, I.; wilson, J. R. *The Ergonomics of Working Postures*. London: Taylor & Francis, 1986.

Costa, V. U. S. *Saúde e produtividade*: os benefícios da ergonomia e da ginástica laboral no ambiente de trabalho. 2001. Trabalho de Conclusão do Curso - Faculdade de Educação Física, Pontifícia Universidade Católica do Paraná, Curitiba, 2001.

Couto, H. A. *Ergonomia aplicada ao trabalho em 18 lições*. Belo Horizonte: Ergo, 2002.

Czeresnia, D. *Ações de promoção à saúde e prevenção de doenças:* o papel da ANS. Texto elaborado para o Fórum de Saúde Suplementar, jul. 2003. Rio de Janeiro, 2003.

Daft, R. L. *Administração*. São Paulo: Pioneira Thomson Learning, 2005.

Dantas, E. H. M. Flexibilidade versus musculação. *Sprint Magazine*, n. 3, p. 108-116, 1984.

DANTAS, E. H. M. *Flexibilidade, alongamento e flexionamento.* Rio de Janeiro: Shape, 1999.

DEJOURS, C. *A loucura do trabalho*: estudo de psicopatologia do trabalho. São Paulo: Cortez, 1992.

DINIZ, S. *Gestão participativa, 2008.* Disponível em: <http://www.sebraesp.com.br/principal/abrindo%20seu%20neg%C3%B3cio/produtos%20sebrae/artigos/listadeartigos/gestao participativa.aspx>. Acesso em: 23 maio 2008.

DONAIRE, D.; PINTO, A. B. D. L.; ZACHARIAS, J. J. *Um estudo sobre a qualidade de vida no trabalho nas agências bancárias do Vale do Ribeira*: uma contribuição à estratégia de gestão de pessoas, 2005. Trabalho apresentado no XXIX EnANPAD, Brasília, 2005.

ENUMO, S. R. Pesquisas sobre psicologia e saúde: uma proposta de análise. In: TRINDADE, Z. A.; ANDRADE, A. N. (Org.). *Psicologia & Saúde*: um campo em construção. São Paulo: Casa do Psicólogo, 2003. p. 11-31.

ESPÍRITO SANTO, G. *Representações sociais da saúde dos professores de Educação Física que atuam em academias do Rio de Janeiro.* 2005, 218 f. Dissertação (Mestrado em Educação Física) – Programa de Pós-Graduação em Educação Física, Universidade Gama Filho, Rio de Janeiro, 2005.

FERREIRA, E. A. *Proposta de programa de ginástica laboral.* 1998. Monografia de conclusão de curso. Universidade Estadual de Londrina, 1998.

FERREIRA, M. C; ALVES, L.; TOSTES, N. Gestão de Qualidade de Vida no Trabalho (QVT) no Serviço Público Federal: o descompasso entre problemas e práticas gerenciais. *Psicologia: Teoria e Pesquisa,* Brasília, v. 25, n. 3, p. 319-327, 2009.

FIGUEIREDO, F.; MONT'ALVÃO, C. *Ginástica laboral e ergonomia.* Rio de Janeiro: Sprint, 2005.

FLECK, M. P. A. et al. Aplicação da versão em português do instrumento de avaliação de Qualidade de Vida da Organização Mundial da Saúde (WHOQOL-100). *Revista de Saúde Pública,* São Paulo, v. 33, n. 2, p. 198-205, 1999.

FRIAS JÚNIOR, C. A. D. S. *A saúde do trabalhador no Maranhão*: uma visão atual e proposta de atuação. 1999. 137 f. Dissertação (Mestrado em Saúde Pública) – Fundação Instituto Oswaldo Cruz, Escola Nacional de Saúde Pública, Rio de Janeiro, 1999.

FONSECA, R. M. G. S. Space and Gender Understanding Brazilian Woman's Health-Illness Process. *Revista Latino-Americana de Enfermagem,* Ribeirão Preto, v. 5, n. 1, p. 5-13, 1997. Disponível em: <http://www.scielo.br/pdf/rlae/v5n1/v5n1a02.pdf>. Acesso em: 27 maio 2008.

FONTES, O. L. *Além dos sintomas*: superando o paradigma saúde e doença. Piracicaba: Unimep, 1995.

GANN, N. *Ortopedia*: guia de consulta rápida para fisioterapeutas – distúrbios, testes e estratégias de reabilitação. Rio de Janeiro: Guanabara Koogan, 2005.

GARCIA, M. F.; SILVA, R. N. B. O conceito de trabalho ao longo da história humana. In: *Anais do 7º Encontro Nacional de Estudos do Trabalho.* Campinas: Associação Brasileira de Estudos do Trabalho, 2002. v. 1. p. 1-16. Disponível em: <http://portal.uninove.br/uninove/dbfiles/6B66DC80-B17F-C7B6-4B805967B1604B9E.Arquivo.pdf>. Acesso em: 24 fev. 2008.

GRUPO MARIMAR. *Tenossinovite.* 1 figura JPG, color, 11,1 cm x 10 cm. Disponível em: <http://www.marimar.com.br/ergonomia/carpaltunnel.gif>. Acesso em: 16 dez. 2008.

GUARESCHI, P. A. Psicologia social e representações sociais: avanços e novas articulações. In: VERONESE, M. V.; GUARESCHI, P. A. (Org.). *Psicologia do cotidiano*: representações sociais em ação. Petrópolis: Vozes, 2007. p. 17-40.

GUARESCHI, P. A.; GRISCI, C. L. I. *A fala do trabalhador*. Petrópolis: Vozes, 1993.

HACKMAN, J. R.; OLDHAM, G. R. Development of the Job Diagnostic Survey. *Journal of Applied Psychology*, v. 60, n. 2, p. 159-170, abr. 1975.

HELMAN, C. G. *Cultura, saúde e doença*. Porto Alegre: Artmed, 2003.

HENDERSON, W. O. *A Revolução Industrial*. São Paulo: Verbo, 1979.

HESSELBEIN, F. Administrando em um mundo redondo. In: HESSELBEIN, F.; COHEN, P. M. (Org.). *De líder para líder*: artigos da prestigiosa revista Leader to Leader, da Drucker Foundation. São Paulo: Futura, 1999. p. 19-23.

HIGNETT, S; MCATAMNEY, L. Rapid Entire Body Assessment (REBA). *Appl. Ergon.*, v. 31, n. 2, p. 201-205, 2000.

HUBERMAN, L. *História da riqueza do homem*. Rio de Janeiro: Zahar, 1982.

IIDA, I. *Ergonomia*: projeto e produção. São Paulo: Edgard Blücher, 1993.

JIMENES, P. Ginástica laboral: bem-estar do trabalhador traz resultados surpreendentes. *Revista CIPA*, n. 171, p. 70-81, 2002.

JONAS, A. L.; MARQUEZ, A. M.; SILVA, E. A. T. Conceito de saúde e saúde psicológica na perspectiva de psicólogos, médicos e leigos. *Estudos de Psicologia*, Campinas, n. 1, p. 37-52, 1993. Disponível em: <http://biblioteca.ricesu.com.br/art_link.php?art_cod=2844> Acesso em: 5 abr. 2008.

KANAANE, R. *Comportamento humano nas organizações*: o homem rumo ao século XXI. São Paulo: Atlas, 1999.

KAWAMOTO, E. E. Saúde. In: KAWAMOTO, E. E. (Org.). *Enfermagem comunitária*. São Paulo: EPU, 1995. p. 11-21.

KROEMER, K. H. E.; GRANDJEAN, E. *Manual de ergonomia*: adaptando o trabalho ao homem. Porto Alegre: Bookman, 2005.

LAZARINI, E. K. H. *Lombalgia*. 1 figura JPG, color, 12,7 cm x 10 cm. Disponível em: <http://eliane hirata.files.wordpress.com/2008/03/lombalgia1.thumbnail.jpg>. Acesso em: 16 dez. 2008.

LIMA, A. C. *A representação social da interdisciplinaridade para os profissionais que atuam com equoterapia*. 2005. 107 f. Dissertação (Mestrado em Psicologia) – Faculdade de Psicologia, Universidade Católica Dom Bosco, Campo Grande, 2005.

LIMA, M. O. *Qualidade de vida relacionada à saúde de mulheres grávidas com baixo nível socioeconômico*. 2006. 101 f. Dissertação (Mestrado em Enfermagem) – Escola de Enfermagem, Universidade de São Paulo, 2006.

LIMA, V. *Ginástica laboral*: atividade física no ambiente de trabalho. São Paulo: Phorte, 2003.

______. *Ginástica laboral*: atividade física no ambiente de trabalho. 3. ed. rev. e ampl. São Paulo: Phorte, 2008.

LIMONGI-FRANÇA, A. C. *Qualidade de Vida no Trabalho – QVT*: conceitos e práticas nas empresas da sociedade pós-industrial. São Paulo: Atlas, 2010.

LIMONGI-FRANÇA, A. C.; ARELLANO, E. B. Qualidade de vida no trabalho. In: LIMONGI-FRANÇA, A. C. et al. *As pessoas na organização*. São Paulo: Gente, 2002. p. 295-306.

LUCHESE, C. Ginástica laboral: intervenção exclusiva do profissional de Educação Física. *Revista do Conselho Federal de Educação Física*, ano 6, n. 23, mar. 2007. Disponível em: <http://www.confef.org.br/revistasWeb/n23/6-GINASTICA_LABORAL.pdf>. Acesso em: 20 jun. 2014.

MACIEL, M. G. *Ginástica laboral*: instrumento de produtividade e saúde nas empresas. Rio de Janeiro: Shape, 2008.

MAIS EDUCAÇÃO. *Síndrome do Túnel do Carpo*. 1 figura JPG, color, 7,6 cm x 10 cm. Disponível em: <http://www.maiseducacao.com/imagens/upload/Image/saude/tunel%20do%20carpo.jpg>. Acesso em: 16 dez. 2008.

MARX, K. *O Capital*. São Paulo: Abril, 1985.

MASLOW, A. *Motivation and Personality*. New York: Harper & Row, 1970.

MEDICINA GERIÁTRICA. *Bursite*. 1 figura JPG, color, 10,8 cm x 10 cm. Disponível em: <http://www.medicinageriatrica.com.br/wp-content/uploads/2007/08/ombro2.JPG>. Acesso em: 16 dez. 2008.

MELO, I. C. Diagnóstico. In: OLIVEIRA, C. R. *Manual prático de LER*. Belo Horizonte: Health, 1998. p. 208-225.

MENDES, A. M.; FERREIRA, M. C. Gestão de pessoas focada na qualidade de vida no trabalho: bem-estar, uma tarefa de todos. In: BANCO CENTRAL DO BRASIL. (Org.). *Anais do 1º Fórum de Qualidade de Vida*: trabalhando e vivendo com qualidade. Brasília, 2004. p. 3-8.

MENDES, R. A.; LEITE, N. *Ginástica laboral*: princípios e aplicações práticas. Barueri: Manole, 2008.

MENDES, R.; DIAS, E. C. Da medicina do trabalho à saúde do trabalhador. *Revista de Saúde Pública*, São Paulo, v. 25, n. 5, p. 341-349, 1991. Disponível em: <http://www.scielo.br/pdf/rsp/v25n5/03.pdf>. Acesso em: 11 jan. 2008.

MENEZES FILHO, N. A.; MENDES, M.; ALMEIDA, E. S. O diferencial de salários formal-informal no Brasil: segmentação ou viés de seleção? *Revista Brasileira de Economia*, Rio de Janeiro, v. 58, n. 2, p. 235-248, 2004. Disponível em: <http://www.scielo.br/pdf/rbe/v58n2/a05v58n2.pdf>. Acesso em: 24 fev. 2008.

MINAYO, M. C. S. O conceito de representações sociais dentro da sociologia clássica. In: GUARESHI, P. A.; JOVCHELOVITCH, S. (Org.). *Textos em representações sociais*. Petrópolis: Vozes, 1995, p. 89-111.

MINAYO, M. C. S.; HARTZ Z. M. A.; BUSS, P. M. Qualidade de vida saudável: um debate necessário. *Ciências e Saúde Coletiva*, Rio de Janeiro, v. 5, n. 1, p. 163-177, 2000.

MINAYO-GOMEZ, C.; THEDIM-COSTA, S. M. F. A construção do campo da saúde do trabalhador: percurso e dilemas. *Caderno de Saúde Pública*, Rio de Janeiro, n. 13, p. 21-32, 1997.

MOREIRA, W. W. *Qualidade de vida*: complexidade e educação. Campinas: Papirus, 2001.

MOSCOVICI, S. *Representações sociais*: investigações em psicologia social. Petrópolis: Vozes, 2003.

NADLER, B. A.; LAWLER, E. E. Quality of Work Life: Perspectives and Directions. *Organizational Dynamics*, v. 11, n. 7, p. 20-30, 1983.

NAHAS, M. V. *Atividade física, saúde e qualidade de vida*. Londrina: Midiograf, 2003.

______. *Atividade física, saúde e qualidade de vida*. 4. ed. Londrina: Midiograf, 2006.

NASCIMENTO, N. M.; MORAES, R. A. S. *Fisioterapia nas empresas*: saúde x trabalho. Rio de Janeiro: Taba Cultural, 2000.

NAVARRO, V. L.; PADILHA, V. Dilemas do trabalho no capitalismo contemporâneo. *Psicologia e Sociedade*, Porto Alegre, n. spe, p. 14-20, 2007. Disponível em: <http://www.scielo.br/scielo.php?pid=S0102-71822007000400004&script=sci_arttext>. Acesso em: 3 maio 2009.

NIEMAN, D. C. *Exercício e saúde*. São Paulo: Manole, 1999.

Oliveira, M. H. B.; Vasconcellos, L. C. F. Políticas de saúde do trabalhador no Brasil: muitas questões sem resposta. *Cadernos de Saúde Pública*, Rio de Janeiro, n. 2, p. 150-158, 1992.

Oliveira, P. A. B. Ergonomia e a organização do trabalho: o papel dos espaços de regulação individual e social na gênese das LER/DORT. *Boletim da Saúde*, Porto Alegre, n. 1, p. 31-38, 2005.

Oliveira, V. S. de et al. Nível de aceitação da ginástica laboral em empresa automobilística. *ENAFE Science*, v. 3, n. 2, 2008.

Organização Mundial da Saúde. *Relatório sobre a saúde no mundo 2001 - Saúde mental*: nova concepção, nova esperança. Brasília, 2001. Disponível em: <http://www.acs.min-saude.pt/wp-content/uploads/2008/03/rel-mundial-sm-2001.pdf>. Acesso em: 2 maio 2009.

Osteopatia. *Cervicalgia*. 1 figura JPG, color, 7,5 cm x 10 cm. Disponível em: <www.osteopata.eu/public/4_2.jpg>. Acesso em: 16 dez. 2008.

Pessini, L.; Barchifontaine, C. P. *Problemas atuais de bioética*. São Paulo: Edições Loyola, 2002.

Pohl, H. H. *Ginástica laboral e estilo de vida*. Santa Cruz do Sul: UNISC, 2003.

Polito, E.; Bergamaschi, E. C. *Ginástica laboral*: teoria e prática. Rio de Janeiro: Sprint, 2002.

Queiroz, M. S. *Saúde e doença*: um enfoque antropológico. Bauru: EDUSC, 2003.

Resende, A. L. Desigualdade e bem-estar. *Jornal Valor Econômico*, 28 jan. 2011.

Revista Confef. *Ginástica laboral:* intervenção exclusiva do profissional de Educação Física, p. 12-14, 2007.

Rio, R. P.; Pires, L. *Ergonomia*: fundamentos da prática ergonômica. São Paulo: LTR, 2001.

Rocha, P. E. C. P. *Medidas e avaliações em Ciências do Esporte*. Rio de Janeiro: Sprint, 2004.

Rodrigues, M. V. C. *Qualidade de Vida no Trabalho*: evolução e análise no nível gerencial. Petrópolis: Vozes, 1999.

Rosseti-Ferreira, M. C.; Amorim, K. S.; Silva, A. P. Rede de significações: alguns conceitos básicos. In: ROSSETI-FERREIRA, M. C. (Org.). *Rede de significações e o estudo do desenvolvimento humano*. Porto Alegre: Artmed, 2004. p. 23-33.

Sato, L. As implicações do conhecimento prático para a vigilância em saúde do trabalhador. *Caderno de Saúde Pública*, Rio de Janeiro, n. 4, p. 489-495, 1996.

Scliar, M. *Do mágico ao social*: trajetória da saúde pública. São Paulo: Senac, 2002.

Segre, M.; Ferraz, F. C. O conceito de saúde. *Revista de Saúde Pública*, São Paulo, n. 5, p. 538-542, 1997. Disponível em: <http://www.scielo.br/pdf/rsp/v31n5/2334.pdf>. Acesso em: 20 out. 2008.

Seligmann-Silva, E. *Desgaste mental no trabalho dominado*. Rio de Janeiro: Cortez, 1994.

Serpa, A. F. W. G. *Representação social de saúde e doença para portadores de hipertensão arterial e diabetes*. 2007. Dissertação (Mestrado em Psicologia) - Faculdade de Psicologia, Universidade Católica Dom Bosco, Campo Grande, 2007.

Serviço Social da Indústria. *Seminário Responsabilidade Social e Qualidade de vida no Trabalho*. Brasília, DF, 2004. Apostila.

Sevalho, G. Uma abordagem histórica das representações sociais de saúde e doença. *Caderno de Saúde Pública*, Rio de Janeiro, n. 3, p. 349-363, 1993.

Silva, M. A. D.; De Marchi, R. *Saúde e qualidade de vida no trabalho*. São Paulo: Best Seller, 1997.

SPINK, M. J. P. O conceito de representação social na abordagem psicossocial. *Caderno de Saúde Pública*, Rio de Janeiro, n. 3, p. 300-308, 1993.

SPINK, M. J. P.; FREZZA, R. M. Práticas discursivas e produção de sentidos: a perspectiva da psicologia social. In: SPINK, M. J. P. (Org.). *Práticas discursivas e produção de sentidos no cotidiano*: aproximações teóricas e metodológicas. São Paulo: Cortez, 2004. p. 17-39.

TEIXEIRA J. Proposta para criar comitê LER/DORT é lançada em seminário no Fundacentro. *Revista CIPA*, p. 76-78, 2001.

TEIXEIRA, M. B. *Empoderamento de idosos em grupos direcionados à promoção da saúde*. 2002. 144 f. Dissertação (Mestrado em Saúde Pública) - Fundação Oswaldo Cruz, Escola Nacional de Saúde Pública, 2002.

TRIGO, T. R.; TENG, C. T.; HALLAK, J. E. C. Síndrome de *burnout* ou estafa profissional e os transtornos psiquiátricos. *Revista de Psiquiatria Clínica*, São Paulo, v. 34, n. 5, p. 223-233, 2007. Disponível em: <http://www.scielo.br/pdf/rpc/v34n5/a04v34n5.pdf>. Acesso em: 12 maio 2009.

VASCONCELOS, A. F. Qualidade de Vida no Trabalho: origem, evolução e perspectivas. *Caderno de Pesquisas em Administração*, São Paulo, v. 8, n. 1, 2001. Disponível em: <http://www.luzimarteixeira.com.br/wp-content/uploads/2009/06/qualidade-de-vida-no-trabalho-origem.pdf>. Acesso em: 24 jan. 2011.

WALTON, R. E. Quality of Working Life: What Is It? *Sloan Management*, n. 1, p. 11-21, 1973.

WISNER, A. Questões epistemológicas em ergonomia e em análise do trabalho. In: DANIELLOU, F. *A ergonomia em busca de seus princípios*: debates epistemológicos. São Paulo: Edgar Blücher, 2004. p. 29-56.

YAMADA, B. F. A. *Qualidade de vida de pessoas com úlceras venosas crônicas*. 2001. 191 f. Dissertação (Mestrado em Enfermagem) - Escola de Enfermagem, Universidade de São Paulo, 2001.

Yatsuya, H. *Estudo defende estilo de vida sadio*. Disponível em: <http://medicinasnaturais.blogspot.com/2007/11/estudo-defende-estilo-de-vida-sadio.html>. Acesso em 6 abr. 2008.

ZAT, F. M. *Representações sociais de saúde e doença: implicações na ginástica laboral e ergonomia*. 2009. 115 f. Dissertação (Mestrado em Psicologia) - Universidade Católica Dom Bosco, Campo Grande, 2009.

ZAT, F. M.; COÊLHO, A. E. L. *Representações sociais de saúde e doença no trabalho: a ginástica laboral e a ergonomia como medidas de prevenção e promoção*. Trabalho apresentado no III CONCOCE - Congresso Centro-Oeste de Ciências do Esporte, Cuiabá, 2008. Disponível em: <http://www.concoce.org/trabalhos/seminarios/representacoes_sociais_de_saude_e_doenca_no_trabalho.pdf>. Acesso em: 20 jun. 2014.

ZILLI, C. M. *Manual de cinesioterapia/ginástica laboral:* uma tarefa interdisciplinar com ação multiprofissional. São Paulo: Lovise, 2002.

Sobre o Livro
Formato: 17 x 24 cm
Mancha: 13,4 x 20,2 cm
Papel: Offset 90 g
Nº páginas: 160
Tiragem: 2.000 exemplares
1ª edição: 2015

Este livro segue o novo
Acordo Ortográfico
da Língua Portuguesa

Equipe de Realização
Assistência editorial
Liris Tribuzzi

Assessoria editorial
Maria Apparecida F. M. Bussolotti

Edição de texto
Gerson Silva (Supervisão de revisão)
8ª Rima (Preparação do original e copidesque)
Tatiane Godoy e Jonas Pinheiro (Revisão)

Editoração eletrônica
Vanessa Dal (Capa, projeto gráfico e diagramação)
Douglas Docelino e Ricardo Howards (Ilustrações)

Impressão
Edelbra Gráfica